# 旅游英语文化解读与翻译研究教程

史鸿雁　主编

天津出版传媒集团
天津科学技术出版社

**图书在版编目（CIP）数据**

旅游英语文化解读与翻译研究教程 / 史鸿雁主编 . 天津 : 天津科学技术出版社， 2024. 8. -- ISBN 978-7-5742-2398-1

Ⅰ . F59

中国国家版本馆 CIP 数据核字第 20241Q2F11 号

---

旅游英语文化解读与翻译研究教程
LÜYOU YINGYU WENHUA JIEDU YU FANYI YANJIU JIAOCHENG

责任编辑：刘　鸫
责任印制：兰　毅

出　　版：天津出版传媒集团
　　　　　天津科学技术出版社
地　　址：天津市和平区西康路35号
邮　　编：300051
电　　话：（022）23332377
网　　址：www.tjkjcbs.com.cn
发　　行：新华书店经销
印　　刷：河北万卷印刷有限公司

---

开本 710×1000　1/16　印张 16　字数 213 000
2024年8月第1版第1次印刷
定价：98.00元

# 前言

在全球化日益深入的今天，旅游业的发展已经超越了简单的经济活动范畴，成为一种文化交流和互动的重要平台。旅游英语，作为这一平台上的主要交流工具，其重要性不言而喻。然而，旅游英语的翻译不仅仅是语言的转换，更是文化的传递和解读。因此，在翻译过程中译员应更好地理解旅游文化的内涵，掌握其翻译技巧。基于此，作者精心策划并撰写了《旅游英语文化解读与翻译研究教程》一书。

本教程笔者系桂林旅游学院从事旅游英语文化与翻译研究的教师，出版获得桂林旅游学院专业建设资金的资助，出版后将应用于桂林旅游学院外国语学院专业选修课和桂林旅游学院公共选修课“旅游英语文化解读与翻译”教学中。同时，本教程是桂林旅游学院 2023 年度应用型示范课程——实践性示范课程（项目编号：2023SJJX003）的研究成果。

本教程属于旅游类 ESP 系列教程，共包含九章内容。第一章为概述，介绍了旅游文化的相关概念，为全书奠定了理论基础。第二章论述了旅游英语与跨文化交际的关系，探讨了旅游英语对于跨文化传播和跨文化交流的影响。第三、四章在第二章的基础上深入探讨了旅游英语中的文化元素以及文化差异对旅游翻译的影响，使读者对旅游英语中的文化差异有了更深刻的理解。第五至第六章转向旅游英语文化翻译的研究与实践，分别阐述了旅游英语文化翻译的基本原则、旅游英语文化翻译的技巧，详细介绍了包括直译法、意译法等翻译策略，使读者能够掌握翻译的基本技能。第七章分析具体旅游文案的翻译实践，如旅游景点介绍翻译、广告与宣传材料翻译、景点民俗文化的翻译等。第八章以广西桂林为例，通过案例分析，对旅游英语文化翻译中的成功与失败进行了深入剖析，指出了常见问题与错误，并提出了改进建议与策略。第九章展望了旅游英语翻译的未来发展方向，探讨了机器翻译在旅游英语翻译中的应用，对跨文化交际能力对翻译质量的影响以及旅游英语翻译教育的改革与创新，为未来的旅游文化翻译者指明了未来学习与研究方向。

本教程有着鲜明的特色。首先，本教程将旅游、文化、翻译三者相结合，对英语语言学习者和译员文化意识的提升、现代旅游翻译文化意识的培养具有重要意义。其次，本教程涉及旅游英语文化及旅游英语翻译的重点内容、热点内容，内容丰富，通俗易懂，涵盖较为全面，结构较为合理。最后，本教程将理论与实践的结合，不仅对旅游文化的相关基础知识进行了阐释，而且对旅游英语翻译的具体实践进行了论述，具有一定的实用参考价值。本教程适合高等院校旅游类专业的学生和教师以及致力旅游文化翻译的专业人士阅读。为了确保本教程的科学性与严谨性，笔者在编著过程中参阅了大量的文献，并引用了部分专家和学者的相关内容，在此对他们表示衷心的感谢。同时也感谢桂林旅游学院的陈恒仕教授在翻译实践方面的倾心支持。由于写作水平有限，本教程难免存在不足，望广大读者批评指正。

史鸿雁

2024 年 6 月

# 目录

# 第一章　概述

旅游文化以旅游文化现象、旅游文化本质、旅游文化产生和发展的规律作为研究对象，以考察各种旅游文化现象作为入门的向导，以探究旅游文化的本质及其产生和发展的规律作为主要任务。本章就对旅游文化研究的理论框架展开分析，涉及旅游文化的类型及其发展、旅游主体与旅游目的地文化、旅游消费与旅游企业文化。

## 第一节 旅游文化的类型及其发展

### 一、旅游文化的类型

分析旅游文化的构成是对旅游文化进行深入研究的必要前提。目前，关于其类型的研究主要有以下三种观点。

#### （一）按照文化三分法的结构模式划分

旅游文化既然是文化的一种类型，那么，根据文化三分法的结构模式，可以将旅游文化分为物质文化、制度行为文化和观念文化三种类型。

旅游物质文化，指旅游者视觉可辨识的文化的物质载体，包括作为旅游客体的自然景观和人文景观以及旅游商品、旅游服务设施等。

旅游制度行为文化，指旅游活动中的各种社会规范和约定俗成的习惯，它具体包括旅游法规、旅游企业的管理制度、旅游服务人员的行为规范等。

旅游观念文化，指引导、影响人们旅游活动的直接或间接地在旅游实践中抽象出来的价值观念、思想信仰、审美情趣、思维方式等。

### （二）按照现代旅游的三大要素划分

根据现代旅游的三大基本要素可将旅游文化分为旅游客体文化、旅游主体文化和旅游介体文化三种类型。

旅游客体文化，包括自然旅游景观文化、人文旅游景观文化、人文化的自然景观、旅游历史文化、旅游建筑文化、旅游园林文化、旅游宗教文化、旅游民俗文化、旅游娱乐文化、旅游文学艺术等。

旅游主体文化，包括旅游者的政治主张、思想和信仰、文化素质、职业、心理、性格、爱好、生活方式等，以及不同文化背景下旅游消费的文化表现等。

旅游介体文化，包括旅游企业文化、旅游管理文化、旅游商品文化、旅游文化研究与教育、导游文化、旅游政策与法规及其他旅游中介文化。

此种划分考虑了旅游与文化的有机联系，体现了旅游文化的个性，在旅游学界影响较大，本书也接受这种观点。但应注意，旅游文化像文化的构成一样，旅游主体、旅游客体和旅游介体这三者之间相互作用、相互影响、相互渗透，形成了一个有机的整体，但只是为学习与研究提供不同的切入点，才对它进行这样的划分。

## 二、旅游文化的发展

根据旅游的发展及旅游文化的特征，旅游文化的发展可分为古代、近代和现代三个阶段。

### （一）古代阶段

随着世界旅行和旅游的发展，旅游文化也在最早进入文明时代的中国、古埃及、古巴比伦、古印度和古希腊、古罗马产生并得到发展。随着社会政治、经济、文化的发展，人类创造了各种各样的精神和物质文化，自然的山水、城市、建筑、宗教及其他艺术形态都浸润和折射出人类的智慧，集中反映了不同时代的民族精神和文化风貌，成为人们欣赏和游乐的对象。这一时期，旅游文化具有如下显著特征。

1. 旅游客体文化的厚重性

公元前1000多年前，古埃及就以金字塔这一人类文明奇迹而成为闻名世界的旅游胜地。金字塔是期望国家永恒、稳固的象征，也是古埃及灿烂文化的最高展示。狮身人面像、亚历山大港灯塔等这些都是埃及人民智慧的结晶，成为埃及特有而厚重的旅游文化。古希腊是奥林匹克运动会和现代马拉松赛的起源地。早在2700多年前，在奥林匹亚阿尔菲斯河岸的岩壁上就刻着古希腊人的一段格言："如果你想聪明，跑步吧！如果你想强壮，跑步吧！如果你想健康，跑步吧！"这反映了古希腊人对体育运动的喜爱与重视。

正因为如此，参加和观看各种体育比赛在今天成为一种世界性的旅游项目。另外，古希腊建筑与雕塑艺术已达到了很高的水平，雅典卫城被称为希腊"建筑与艺术的博物馆"，是古希腊人民的智慧结晶。此后的古罗马文化是古希腊文化的延伸，罗马人在继承希腊文化遗产的基础上，在政治、法律和建筑等方面创造了比希腊更辉煌的文化，形成了更有气势的罗马文化。罗马文化传遍整个西方世界，使西方旅游文化不仅深深打上了希腊文化的烙印，还注入了罗马优秀文化，如罗马式和哥特式的艺术和建筑风格等。随着西方古典文化的日渐衰落，公元392年，基督教的合法化使其在罗马世界成为统治阶级的工具，成为主宰社会、政治与文化生活的精神力量，从而形成了包括思想信仰、思维方式、风俗习惯、生活原则以及文学艺术等在内的文化传统（如圣诞节、复活节等宗教节日），成为厚重而独特的西方旅游文化。

我国从先秦时期先民们对自然山水的崇拜与欣赏开始，就形成了丰富而内涵深厚的旅游资源。比如，由于人们对太阳的崇拜，古代天子每逢立春日、立夏日、立秋日、立冬日都要率群臣于郊外开展迎日活动。至明清时期，皇帝祭天、敬地而修建天坛、地坛。大汶口出土的陶尊上就有象征太阳的饰纹；由于对山岳的崇拜，五岳成为天下名山，秦始皇、汉武帝、光武帝、唐高宗、唐玄宗、宋真宗都到过五岳之首的泰山封禅；由于对动物的崇拜，先民认为龙、凤、龟最具灵性，把它们当作灵物而信奉，使各地留下许多动物的雕塑、绘画及与动物崇拜有关的诗文。此后帝王的巡游、仕人宦游、文人恣游、学者的科学考察以及佛教、道教的传播与发展，逐渐积淀为中国特色的旅游文化。

2. 旅游主体的局限性

在古代，由于生产力落后，农业人口占绝大多数，为维持生计，人们更多地把时间放在土地上，形成了日出而作、日落而息的生活方式。加之广大劳动人民由于受政治和经济的双重压迫，客观上还没有能力参加旅行活动。因此，除了经济目的（商贸）之外，针对消遣娱乐性质的旅游，参加者多为帝王、官僚、封建贵族、地主等统治阶级及其附庸阶层人士，此时期人数不多，没有普遍的社会意义。

3. 旅游介体的局限性

古代旅游文化中的旅游介体包括旅游交通、饭店、旅游经营管理等，均比较落后，且没有专门或极少是为旅游服务的。

罗马时代是世界古代旅行的全盛时期，以罗马为中心修建了多条公路，故谚语道："条条大路通罗马"。罗马大道多用大石板铺砌，中间稍稍拱起，宽度精确，被认为是罗马建筑史上的一大奇迹。它们分段由当地部门管理，并由军队保护。由于交通条件的改善，一部分特权阶级开始了以寻求乐趣为目的的闲暇性旅游。为适应旅游的发展，古罗马在去那不勒斯沿途中还建起了豪华的别墅，供旅游者享用。在中国，秦汉时期就开始将船与车作为旅游交通工具。据记载，秦始皇曾乘船巡游。秦汉时期制造了极尽豪华富丽的辂车，专供皇帝及皇后乘坐游玩，一般旅游者则乘用轺车（马车）。在交通道路上，秦始皇在统一中国后修筑了以国都咸阳为中心的、通向全国的驰道。西汉的张骞、东汉的班超先后开辟了通往西域的道路。自汉以来，敦煌成为当时中西交通的枢纽。自敦煌西上有几条道路通过天山南北进入大夏（今阿富汗北部）、康居（今巴尔喀什湖和咸海之间）、安息（今伊朗）等地，而从天山南麓西横贯亚欧的大路就是后世所称的“丝绸之路”。公元7世纪，隋炀帝时期开通的“京杭大运河”成为中国南北水上交通大动脉。宋元时期，福建泉州是十分繁华的对外交通港口。明朝年间，宁波、泉州、广州是对外贸易的三大港口。另外，长江口的刘家港（今江苏太仓市济河镇）也是著名的对外港口，明成祖时航海家郑和率领庞大船队七次远航，就是从刘家港启程的。在旅客食宿上，远在战国时期，就有供来往行人休憩住宿的处所，当时叫“逆旅”“客馆”“传舍”“驿馆”等。另外，古时多数寺院备有客房，除招待过往僧人外，也接待行旅商人和游山者，膳宿费不拘，随缘乐助。负责招待游客的僧人叫知客僧。上述供行旅投宿的处所多数兼供饮食。在游客众多的区域和交通要道，开设有茶楼酒肆，专供游客享用。

### （二）近代阶段

到了19世纪初期，旅行在很多方面虽然没有具备现代意义上的旅游特性，但具有明显的向现代旅游过渡的特点。这一时期，无论是国内旅游还是国际旅游都取得了突破性进展。因此，旅游文化在此时期也得到较大发展。

1.旅游组织的形成与发展

在近代旅游文化中，一个显著的特点是旅游组织的形成与发展。19世纪中叶，首先，由于产业革命加速了城市化的进程，人们工作和生活的重心从农村转移到工业城市。这一变化使人们想要逃避节奏紧张的城市生活和拥挤嘈杂的生活环境而回到自由、宁静的大自然中去的愿望成为可能。其次，产业革命改变了人们的工作性质，人们开始从事枯燥、机械性工业劳动，从而产生了强烈的假日要求。最后，蒸汽技术在交通运输中的应用，使近代旅游业迅速发展起来。1841 年，诞生了世界上第一个旅行代理商——英国人托马斯库克，他第一次组织并包租列车前往拉夫巴罗参加戒酒大会。1846 年，他又成功地设置了旅游向导，多次组织了旅游活动，从而被誉为近代旅游业的创始者。1939 年，库克创办的通济隆旅行社在世界各地设立了 350 余处旅行代理点。

2. 旅游主体的扩大化趋势明显

随着产业革命相继在西方资本主义国家的完成，社会生活发生了一系列变化，人们摆脱了土地的束缚，开始进入城市生活，那种随农时变化而忙闲有致的多样性农业劳动开始被单一性大机器工业劳动所取代，带薪度假客观上成为可能。同时，劳动生产力的提高促进了财富的积累，使较多的人有经济能力进行旅行活动。加之蒸汽动力的轮船和火车相继投入使用，方便了越来越多的旅游者有机会到更远的地方，使世界范围内有组织的远距离旅游成为可能。因此，旅游的队伍逐渐庞大起来。

3. 跨国、跨区旅游的全面兴起

随着海外殖民与交通工具的发展，世界大战激起“全球意识”，打破了古代旅游相对封闭的狭小视域的局限。旅游主体常常不再满足于在本国、本民族领域范围内游览观光，而希望了解和体验异域他乡的自然风光及民情风俗等。而海外殖民、战争等屡屡发生，为这些跨国、跨区旅游者提供了机会。同时，自然科学的进步与人文科学的研究与发展也极大地激发了旅游主体跨文化考察的求知热情，客观上促进了跨区域旅游的发展。

### （三）现代阶段

第二次世界大战以后，世界经济得到迅速恢复和空前的发展，人民生活水平普遍提高，旅游作为群体性的活动普遍开展起来，无论是旅游者的人数、参加的阶层、旅行的距离还是旅游消费水平都发生了重大变化。旅游成为一个完整的国民经济产业，在整个国民经济中发挥着巨大作用。现代旅游文化也进入了全面发展时期，出现了前所未有的繁荣景象。

1.全面研究旅游主体文化

随着现代社会的发展，相当多的旅游者希望在旅行过程中放松身心，因此，风景优美、历史文化奇特的国家或地区已成为越来越多旅游公众的选择，旅游进入了大众化时代。旅游部门需要针对不同的旅游主体开发出不同的旅游产品，旅游主体文化的研究也越来越受到重视。旅游主体文化的研究内容包括：旅游者的文化背景、思想主张、价值观念、风俗习惯、宗教信仰等旅游者的文化形态的研究；旅游者的旅游动机；旅游者的职业、素质、文化心理；旅游者的生活方式和在旅游过程中的各种文化现象的研究，以及不同文化背景下旅游消费行为的差异、比较和规律性的研究。

2.深度挖掘旅游资源文化

任何民族的历史文化都是该民族旅游资源的一种特殊优势。正如法国的罗伯特·朗卡尔所言："旅游业所出售的无非是它的社会、历史、文化和本来的特性而已。"在欧洲，历史文化遗产成为旅游发展最重要的推进器，它在今天欧洲的旅游业中起着不可替代的作用。因此，深度开发代表本民族文明的旅游资源成为现代旅游开发的一大特点。目前，许多地区在旅游开发过程中，把区域的历史文化内涵与旅游产品以丰富多彩、和谐美妙的方式有机结合，使产品呈现出鲜明的民族特色，形成独特的旅游形象。与此同时，它也使许多面临破坏的历史文化资源得到保护、开发和利用。

3.创建与规范旅游企业文化

现代旅游企业包括旅行社、旅游饭店、旅游车船公司、旅游经营与开发公司等。这些企业在长期的旅游经营活动中形成了一定的价值观念、行业精神、行为规范以及通过客观实体所表达出来的特定物质文化，这些形成了该企业特殊的企业文化。旅游企业文化一般包括精神文化、行为文化和物质文化三方面的内容。精神文化是旅游企业文化的核心和灵魂，由企业经营哲学、企业精神、企业目标、企业道德风气等构成，它决定和制约着企业行为文化和物质文化。

## 第二节　旅游主体与旅游目的地文化

### 一、旅游主体文化

旅游者既是旅游文化系统的创造主体，又是旅游文化系统的最终载体。旅游者作为跨文化空间移动的主体，不仅是旅游活动的主体和跨文化交流的发动者，本身还负载着一定的文化。可以说，旅游者在进行着跨文化空间的传播和运作。旅游主体文化是关于旅游活动的主体，即旅游者的文化，是研究旅游文化的出发点。

### 二、旅游目的地文化

#### （一）旅游目的地文化的特点

旅游者旅游需求的产生和对旅游目的地的选择，主要来自对环境差异以及文化差异的认识、猎奇和追新求异的心理，旅游目的地文化正是为了满足这种需求而产生。因此，旅游目的地文化有如下特点。

第一，旅游目的地文化是一种相异的文化，存在于较大空间范围内，能够刺激旅游者产生旅游动机。旅游区域的空间尺度有大有小。作为小尺度的旅游空间，一般的旅游景点本身只是旅游吸引物，不足以构成一个旅游目的地。作为旅游目的地，应该具有较大尺度的空间（如城市、国家或相当的区域，或者包括几个国家的更大区域），它由若干旅游景点构成，具有区域旅游功能。这种较大尺度的空间与旅游者自身文化背景不同，进而能够使旅游者产生强烈的旅游动机。

第二，旅游目的地是客源地与接待地两种文化直接相遇、碰撞和发生交融的地区，旅游目的地文化是一种相遇的文化。对于目的地而言，通过以多种形式的逼真再现和精心重组的自然旅游景观以及具有自身文化价值的人文旅游景观，一方面集中展示了自身文化智慧和创造力，另一方面也使这种自身文化价值在旅游活动中得到重新认识，从而推动其民族文化的复兴和再构建。

第三，在多数情况下，旅游目的地文化代表着一种低势能文化。在当代文化交流中，发达国家由于技术先进、经济发达，其文化总是处于高势能状态；而发展中国家由于技术不够先进、经济发展相对落后，其文化总是处于低势能状态。

当然，由于旅游业是一种低投入、高产出的劳动密集型产业，是第三产业中的龙头产业和朝阳产业，发展旅游业不仅能够推动经济增长，还能够增加就业，为劳动者创造更多的就业机会，因而世界各国都大力发展旅游业。目前，现代旅游业已经成为世界上发展势头最为强劲的产业和世界经济增长的重要支柱之一。发达国家和地区（如欧美）、发展中国家的大中城市及其经济较发达地区（如我国的北京、上海）也可以成为旅游目的地，而旅游目的地国家和地区也可以转变为客源国，不但欧美国家或大城市的旅游者能够彼此到对方国家和地区旅游，而且发展中国家的部分旅游者也会前往。尽管如此，由于旅游者求新求异的动机，以及受经济、时间因素的制约，在大多数情况下，旅游者往往来自经济较发达和收入比较高的地区，发展中国家和地区的旅游者前往发达国家和地区的比例仍然较低。因而从总体上来看，在国际旅游贸易中，发展中国家旅游服务输出的比重大大超过输入的比重，从而成为旅游目的地国；而发达国家旅游服务输入大大超过输出，从而成为旅游客源国。

### （二）旅游对旅游目的地文化的积极影响

旅游对于旅游目的地文化会产生一定的积极影响，具体而言，第一，改变旅游目的地的社会结构，改善其经济状况。旅游业是一种关联带动性很强的朝阳产业。旅游业的发展可以促进目的地产业结构的调整，提供大量直接或间接的就业机会。直接就业是指直接从事与旅游者相接触的相关行业，如向旅游者直接出售商品或服务的旅馆、餐馆、运输服务和商店；间接就业是指从事受旅游者消费活动刺激而产生的行业，如为旅游企业提供商品或服务的工厂或批发部门、与建筑业和其他旅游设备生产业中的投资有关的就业。一个国家或地区的旅游业越发达，带来的经济效益就越明显，所产生的直接或间接就业机会就越多，人们的就业意识就越容易发生转变，就会有越来越多的人投入旅游相关行业中，从而使旅游业成为当地的支柱产业。尤其在贫困落后地区，旅游业的发展至关重要，该地区的绝大部分收入来自旅游及其相关行业。在四川省的九寨沟，地方政府 70% 的收入来自旅游业和相关行业。

旅游业的支柱地位导致当地产业结构发生了变化，从而影响了当地居民的生产和生活方式，促使社会结构也发生了变化。随着大批旅游者的涌入，人们视野扩大，妇女地位提高。随着生活质量的提高，旅游目的地居民为了寻求更高生活质量，出现了向国内或国际迁移的想法，一部分居民特别是易于接受新事物、新观念、充满朝气的青年人开始走向外面的世界，到其他部门寻找工作以获取高额报酬，寻求更为理想的生活方式，而另一部分外地居民又会因旅游业发展获得更多就业机会，从而选择移民进入此地生活，导致人口结构发生变化。因受益于旅游业的发展，旅游目的地的大部分居民都从事与旅游相关的工作，改变了当地原来的职业结构。在家庭生活中，家庭环境更为开明，子女的教育愈来愈受到父母的重视，因旅游业的流动性，家庭联系不如从前密切。同时，旅游业的发展为当地学校、诊所和其他公共服务设施提供了资金来源，当地卫生状况、公共基础设施得到重视和改善，服务意识增强，人们的素质提高，当地居民的行为举止、卫生习惯发生变化，人们生活质量和文明程度明显提高，收入结构发生变化，经济状况得到提高。

第二，强化了旅游目的地本土文化的认同和复兴。一方面，在旅游业发展过程中，旅游目的地居民在与不同文化背景的外地旅游者日益频繁的接触中，意识到本地自然资源与人文资源与众不同，它具有吸引外地游人的独特魅力，因此对本土文化产生强烈的认同感；另一方面，旅游者的旅游活动促进了当地文化的复兴。

## 第三节　旅游消费与旅游企业文化

### 一、旅游消费文化

#### （一）旅游消费行为的文化指向和影响

旅游消费文化即旅游消费行为文化，它既包括旅游者在消费过程中的各种文化表现，也包括文化对旅游者消费行为的影响。

1. 旅游消费行为

人们在一生中要消费许许多多的产品和服务。有的消费是基于生理需要，有的消费则是基于社会性需要。从旅游消费的构成来看，旅游消费是综合性很强的消费，既包括满足旅游者旅游过程中生理需要的消费，也包含满足旅游者社会性需要的消费。从旅游消费结构层次来看，消费者追求的主要是精神和文化上的发展和享受。根据国际旅游业发展的经验，随着人们生活水平和社会进步程度的提高，在旅游消费结构中，对生存资料的消费比重会逐渐下降，对发展资料和享受资料的消费比重会逐步上升。现在，学术界普遍认为，旅游消费是高层次的社会性消费，它是在一定社会经济条件下发生和发展的，受社会风气影响和制约的一种社会经济文化活动。

2.旅游消费过程中的文化差异

由于旅游活动本质上是一种高层次的精神文化活动，在旅游消费过程中，文化的制约和影响表现得非常明显。人们注意到，在旅游流向演变方面，一些国家或地区表现出明显的乡村化倾向，另一些国家或地区则呈显著的城市化倾向，而这样的差异不是能用经济规律来解释的。对于来自不同国家或地区的旅游者，旅游消费的具体行为方式相差很大。

中国人在旅游消费方面虽有共同的特点，但不同地区、不同民族、不同年龄、不同社会阶层的旅游者的旅游消费行为又各具特色。优秀的饭店或旅行社管理人员都会告诫部下如何有针对性地接待不同地区的客人，如何推荐适合不同职业游客的服务产品，等等。事实上，任何一个国家或地区都存在类似情况。例如，美国旅游心理学家梅奥等人注意到英裔美国人和墨西哥裔美国人在旅游消费行为方面截然不同，并告诫旅游服务公司“必须对民族及其他一些亚文化差异保持敏感，因为这些差异会影响人们对闲暇和旅游的偏好。在一个以满足某些群体的特殊需要作为赚取利润最可行手段的旅游市场中，这些尤为重要”。

类似上面所述的现象，在旅游活动中随处可见。这些现象产生的原因虽然有一定的经济因素，但文化的作用也是显而易见的，并且是巨大的。文化作为一种信仰、价值观念、态度、习惯、风俗、传统以及行为方式，必定会影响旅游者的生活志向——他所扮演的角色、他与别人的关系、他感知事物的方式、他感到需要的物品和服务以及其他的作为消费者的具体行为。

相关群体对旅游消费行为的影响以及社会旅游流行现象的形成都是同社会文化背景相联系的，或者说以文化为发生器和推进器。近年来在我国出现的“三国”旅游热、三峡旅游热、民俗旅游热等现象，都受到文化的影响。

3. 文化决定旅游消费行为

旅游活动本身是一种文化生活。旅游者的文化背景决定了他们的价值取向、对旅游的重视程度及其对不同旅游活动和产品的消费偏好。因此，文化是旅游消费的决定因素，它从根本上制约着旅游者的活动和行为。

文化对旅游者消费行为的影响往往是潜移默化的，有时甚至连旅游者本人都没有意识到。例如，体育活动是西方国家的一种重要的文化价值取向，它就对度假旅游活动内容产生着广泛影响。高尔夫、网球、滑雪和潜水等体育活动是大多数欧洲和美洲旅游者娱乐旅游的首要动机，而不是旅游的附加产品。但是在中国，人们在旅游活动中通常不会首先考虑体育活动，而是更重视增长见闻。在出游时间上，中国人通常不会在年三十至大年初三期间离家度假，但是，在大年初二却很可能开始探亲之旅；在重阳节则会选择一些短途的登高游憩活动。再如，旅游几乎已经成为西方发达国家公民生活中不可缺少的重要部分，但在中国，旅游尚未演变成国人的消费习惯。

## （二）旅游消费行为与传统文化

文化因素对旅游消费行为起着决定性的作用，传统文化构建了文化因素内涵的基础，要分析旅游消费行为的文化表现，应从传统文化开始。

1. 中西传统文化的根本差异

对于中西传统文化的差异，在论述的角度和最终的看法上是多种多样的。梁漱溟先生说："西方文化是以意欲向前要求为根本精神的，而中国文化是以意欲自为、调和、持中为其根本精神。"

跨文化差异的基础是什么？或者说应该从哪些方面入手分析两种文化的差异呢？美国学者克鲁柯亨等提出五个基本问题，每个问题都有三个可能的答案：①如何看待人的本性（恶、善、恶或善）；②人和自然的关系是什么（屈从、协调或主宰自然）；③时间取向的本质是什么（过去、现在、将来）；④人生活的基本目的是什么（生存、自我实现、自致）；⑤人同周围人的基本关系的实质是什么（等级制的、家庭取向的、个人主义的）。在此，我们就以这五个方面为主，综合各种观点，对中西传统文化的基本差异做简要分析。

（1）对人的本性的看法：性善与性恶。人性究竟是善是恶，那是哲学家思考的不老命题，这里不做评析。在中国的思想体系中，虽然有韩非主张的性恶论，但主流是主张人性的本质是至善的。《三字经》的“人之初，性本善。性相近，习相远”，既强调了人性本善，又重视后天的影响。坚持性善论，强调仁、义、礼、智，中国文化基本上是善本位、自我超越型文化，具体地说就是把价值之源置于个体内在之心上，认为道德修养的功夫和途径是“自反”“自省”“尽心知性”，自我修养的目的不是要“独善其身”，而是要达到“齐家、治国、平天下”，追求个人在社会人际秩序中的和谐。

在西方的思想体系中，受基督教的影响，性恶论占主导地位。在基督教的圣经里，人类始祖亚当和夏娃住在伊甸园中，受到蛇的引诱违背了上帝的旨意，偷吃禁果，犯有“原罪”，被驱逐出乐园。这一“原罪”成为人世苦难的根源。至今相当多的西方人仍认为人性是恶的，但是可以教化至善。西方文化由性恶论出发，突出人品质修养的社会化，重外在的社会教育和规范功能，重视对“真”而非“善”的追求。中西之间在人性这一基本问题上的认识差异导致了中西文化在自然取向、时间取向、生活目的取向、人与人关系取向等诸方面的差异。

（2）人和自然的关系：协调与支配。中西方文化在人与自然关系的认识上有着明显的不同。三面高原一面海的相对闭塞的地域特点使得古代中国文化基本上与外隔绝、独自创发。中国是一个农业社会，中国文化以农耕经济为基础，农业文化就成为中国传统文化的根底。农业生产与自然界有着最为密切的关系。在生产劳动过程中，人必须同自然和谐相处，以宽容态度对待自然，否则就会受到自然的报复，因此形成了中国传统文化中重视“天道”、讲究天人和谐的精神，即强调人的行为要符合自然发展趋势，遵循自然发展规律，人道要与天道相适应。这种精神有其积极的方面，如对于今天治理环境污染、维护生态平衡是有显著意义的。但必须指出：从辩证的观点看，在较低生产力水平的制约之下，中国传统文化中所谓的天人一体思想无疑也带有屈从自然的价值取向。由此也产生了重农轻商、安土重迁等思想，把人们牢牢地束缚在土地上，日出而作，日落而息，春种夏管，秋收冬藏。这种定型化的生产、生活方式使人们习惯于乐天知命、安分守己的处世之道，满足于渔歌唱晚、牧童横笛的田园生活，思想感情表现为喜一不喜多、喜同不喜异、喜静不喜动、喜稳不喜变。千百年如此，进而使中国人形成了中庸平和的民族性格。

相对而言，西方民族可称为海洋民族。西方文化的活水源头是古希腊文化。古希腊境内多山、多海岛，拥有许多良好的天然港湾。虽然这种环境不可能孕育出自给自足的田园梦想（据研究，古希腊的粮食消费必须靠从海外采购接济），但却为文化的开放与扩张提供了无与伦比的优良条件。大规模的有组织的海上移民和海上贸易活动就成为希腊民族赖以生存和发展的必要手段。海上航行的瞬息万变、突发情况的频繁出现和生产生活的艰苦困难等使人们不得不具备强烈的独立意识、怀疑意识和挑战意识。

（3）人与人的关系：伦理本位与个人本位。人们常常举生活中的两个例子来说明中西文化的这种差异：在姓名排列顺序上，西方人先是本名，然后才是父名，最后才是本家庭的姓；中国人则是先姓后名。在地点表达上，西方人习惯于先从自己家的门牌号开始，然后才说街、区、县、市、省，最后才说国家；中国人的习惯恰恰相反。西方文化具有强烈的个人主义色彩和明显的个性精神。

（4）时间取向：现世、尚古与着眼于将来。在性善论、天人合一思想和伦理本位的支配下，中国传统文化的实用理性和现世精神非常发达，追求“经世致用”的认识功利主义，安身立命、安分守己的“身体化”倾向特别明显，相反则缺乏足够的外求意向和超越意向。与空间上的闭关锁国观念相对应，中国传统文化在时间取向上着眼于现世而非将来。中国传统文化又有“尚古”特征。纵观历史，不难看出中国传统文化“厚古薄今”的趋向，这种趋向就是有限时间观念的极端表现。“三亩好田一头牛，老婆孩子热炕头”就成为传统型中国百姓的生活理想。按林语堂先生在《吾土吾民》中所说，中国人的性格表现出老成温厚、遇事忍耐、消极避世、超脱老猾、和平主义、知足常乐、幽默 滑稽、因循守旧诸特征。

在开放的贸易经济基础上，受支配自然的价值观影响，西方文化不但在空间观念上有趋向无限的倾向，而且在时间观念上也有趋向无限的倾向。尼采认为，现阶段的“人”并不是最理想的状态，“人”是必须被超越的东西。因此，他提出了“超人类”的构想。正如许多人所指出的那样，尼采虽然是无神论者，但在他身上仍然有西方文化的深层结构在发挥作用—那就是把人在世俗中的存在当作是一种被“原罪”所局限的状态，认为人必须超越世俗，趋向无限。因此，西方人比较富有创新、冒险、怀疑、自我批判精神，具有抽象化、系统化、思辨化的科学思维特点。

（5）生活的基本目的：合“礼”乐生与自致取向。中西文化在以上四个方面的差异必然会导致中西方人在社会生活目的上的差异。礼乐思想、儒道学说的交织互补为中国人树立了一种生活的标准和目的，一方面是忍耐、勤劳、节俭、敦厚与和平主义，另一方面是尽量享受生活赋予人们的一切乐趣。在对幸福快乐含义的理解和追求的方法上，西方文化和中国文化也有很大的区别，导致中国人和西方人的人生基本目的的不同。受商品经济和基督教劳动精神的影响，西方文化体系功利意识一直非常强，习惯从功利原则出发解释一切，鼓励人们追求物质财富，物质财富的多少被视为衡量幸福快乐程度的主要指标。林语堂先生说过："中国与欧洲的不同，似乎在于西方人有更大的能力去获取和创造，享受事物的能力则较小。"可以说，西方文化在对人生基本目的看法上表现出自致取向，但这种自致取向并不意味着对享受生活权利的压抑，恰恰相反，这促成了他们重视享乐的人生观，与中国人重视立德的人生观截然不同。

2. 中西传统文化背景下的旅游消费行为比较

正因为中西方传统文化存在着上述的种种不同之处，在中西方人的旅游消费行为中便处处体现出来了。

（1）旅游动机的强弱差异。总体上，西方人的旅游动机要比中国人强。这当然也不能排除经济发展水平对旅游消费动机的影响，但这种差异的形成也深受文化因素的影响。西方传统文化强调支配自然，强调着眼于未来，强调个人主义，强调自致的取向，这使西方人形成了较普遍和较明显的外向型性格特点。

在中国，自古以来有"读万卷书，行万里路"的说法，虽然文人士大夫们还把山水之游作为修身养性的对象和工具，但安土重迁、不尚远行的文化特征也具有抵制旅游和反对旅游的倾向，人们缺乏冒险精神，求稳怕变，甚至把旅游看作不务正业。"在家千日好，出门一日难""父母在，不远游，游必有方""孝子不登高，不临危"等，这都体现了中国传统文化中内向的性格倾向。据心理学家研究，外向型人或民族较内向型人或民族更乐于动，更乐于出游。在内向型传统文化的影响下，中国人的消费观（实质上就是消费文化）主要表现在：量入为出，重视积累，节制现时消费。中国人主张生活上要精打细算，细水长流，做到年年有余。在消费行为学研究中，学者们根据各家庭目标的关系和内容的基本倾向，把家庭分为"以家庭为中心的家庭""以事业为中心的家庭"和"以消费为中心的家庭"三类。中国人重视饮食，把饮食消费当作最重要的消费活动。一些文化学者指出：中国传统文化的身体化倾向甚为明显，受此影响，中国人一直强调“民以食为天”“吃是真功，穿是威风”的传统消费观深入人心。

受传统文化的影响，中国人的旅游动机在总体上相对西方人较弱，但由于旅游活动本身独具魅力，旅游消费实际上是不能被替代的。改革开放以来，中国的经济发展水平已今非昔比，过去的这些传统旅游消费观念已经发生了改变。随着收入水平的提高、物质生活的极大丰富和国家“黄金周”等休假制度的实施，旅游已成为人们生活中越来越广泛、越来越普遍的消费行为。

（2）旅游动机的类型差异。人们外出旅游的动机常常是多种多样的，一方面是因为人们的需要是复杂多样的，另一方面也因为旅游本身就是一种复杂的综合性的社会活动。所以旅游动机类型也多种多样，如紧张的生活和工作之余的放松、休养、娱乐的旅游动机，追求旅游对象和旅游活动的新奇性、知识性，一定程度探险性的探新求异动机；满足审美需要的审美动机；以发展人际关系、公共关系为目的的社会交往动机；满足精神需求的宗教信仰动机等。

（3）目的地选择上的差异。凡是“个性”突出的目的地或景观，诸如波浪滔天的大海、挺拔峻峭的高山、水流湍急的大河、险象环生的热带丛林、民族文化色彩奇特浓郁的地区等，西方人都颇感兴趣。另外，还需指出，受自致取向和新教伦理价值观的影响，不少西方旅游者不喜欢朝着某一个具体的目的地缓慢地前进，更不喜欢那种没有既定目的地或既定活动的考察和旅行。与此相反，他们往往对有具体目标的旅行抱有较为浓厚的兴趣。例如，多重目的地的旅游、迅速赶到某个目的地并在那里参加各种度假活动的旅游、那种尽量走遍各处并参观尽可能多的名胜古迹的走马观花式的旅游等。

中国人有强烈的乡土、宗族观念，回归意识比较明显，尤其是海外华人，即便远隔万里，也常思叶落归根。因此，黄帝陵、妈祖庙一类景点对华侨、港澳台同胞具有强大的吸引力。

（4）旅游消费支出结构上的差异。旅游消费支出结构既受个人和家庭收入水平的影响，也受消费观念的影响。由于传统文化背景的不同，中国人的消费观与西方人相比，具有节制现时消费、重视物质产品消费和重视饮食消费的特点。当收入减少时，中国消费者很快就会打消对高额非必需品的购买意向，而不愿像美国等国家的消费者那样通过借贷来满足即时的旅游消费欲望。中国人的基本消费观在旅游消费领域主要表现如下。第一，因有节俭传统，在交通和住宿方式的选择上注重“经济实惠”。第二，重有形物品的消费，轻劳务性消费。比如，不愿光顾提供有偿服务的旅游中介机构、不愿花钱聘用导游，但购物的倾向相当明显。第三，重纯娱乐性消费，轻发展性消费。旅游中的活动有些是纯消遣、娱乐、享受性的，另一些则有利于提高文化知识和修养，有利于掌握某种技能和开发智力，是属于发展性的。国内旅游者一般不太重视发展性消费，因而较少光顾博物馆、艺术馆一类场所。另外，由于许多中国人把旅游视为奢侈的消费行为，因而往往又会表现出炫耀性的消费特征，尤其以出境旅游消费为甚。

## 二、旅游企业文化

### （一）旅游企业文化的内涵

旅游企业文化是指旅游企业（饭店、餐饮、旅行社、交通运输、游览娱乐等直接经营旅游服务的企业）在生产经营和管理活动中所创造的具有本企业特色的精神财富及其物质形态。它是一个完整的体系，包括企业价值观、企业精神、企业伦理道德、企业风貌与企业形象等内容。旅游企业文化具有鲜明的特性和独特的功能，有助于旅游企业塑造成功的企业文化。

### （二）旅游企业信息化

旅游企业信息化的内容十分丰富，包括旅游网络营销、旅游服务信息化等。

1. 旅游网络营销

在互联网时代，旅游营销必须做出转变，只有充分利用互联网才能更好地抓住营销机遇。网络营销与传统营销相比可以节省成本，丰富营销形式，同时还可以利用信息技术对营销数据进行科学监测和分析，从而科学地控制投入产出比。随着互联网在我国的发展和普及应用，自2000年开始就有很多旅游企业开展网络营销活动，创建自己的网络在线业务平台。

随着信息化时代的来临，信息技术对旅游企业产生了越来越广泛和深刻的影响，企业对网络营销的掌握水平也有了显著的提高，当前，网络营销已经成为旅游企业的主要营销方式，而网络营销市场的竞争也愈加激烈。旅游网络营销的渠道多种多样，其中比较常见的包括搜索引擎、在线社区、门户类网站、专业旅游网站等，同时旅游企业还经常利用那些旅游者经常访问的生活消费类网站进行营销宣传。旅游网络营销的形式也十分丰富，如竞价排名、点击付费、流量付费和效果付费等都是比较常见的营销形式。

2. 旅游服务信息化

现代旅游业是基于信息技术发展的信息密集型行业，各种旅游信息贯穿了整个旅游活动，旅游者可以依靠这些旅游信息完成旅游活动，满足自身的旅游需求。实际上，旅游者的思维和行为具有很明显的规律性，首先旅游者会产生旅游需求，之后会根据实际需要寻找旅游目的地，而这个过程就是旅游者收集旅游目的地相关信息的过程。在明确旅游目的地后，旅游者还会收集大量旅游目的地的信息，并以此为基础制订自己的旅游计划。此后，旅游者会考虑各种旅游产品的采购，包括住宿、交通等，这些内容实际上也是旅游信息。同时，旅游者在旅游途中也需要各种旅游信息帮助他们更好地开展各类活动，例如，旅游者需要了解目的地的交通情况、景区的游览线路等。由此可以看出，旅游信息在整个旅游过程中起到了重要作用，而与之相应的旅游信息服务则是帮助旅游者顺利开展旅游活动的重要内容，也是旅游信息化工作中的核心内容。

当前，随着互联网尤其是移动互联网的普及使用，很多旅游目的地通过文字、图片、视频、语音等手段在旅游网站上展示，也通过微博、博客、社区论坛、QQ 等现代化的沟通工具进行宣传，从而以最快的速度和最低的成本在最广的范围内将旅游中的食、住、行、游、购、娱等信息迅速地传达给终端消费者，达到信息化为旅游业所用的目的。随着信息技术不断升级，未来还会有越来越多的企业通过各种方式和形式运用互联网进行宣传。

此外，为了提供更好的旅游服务，很多地区搭建了旅游咨询平台和旅游呼叫中心，以此提高旅游服务的效率和水平，不同的地区有自己特有的号码，如厦门市旅游呼叫服务号码为 968118。旅游者来到厦门，可以通过此号码进行各种旅游相关信息的咨询、业务交易或投诉该呼叫服务。还与厦门旅游网联合，创造性地把电子政务与电子商务结合起来，为游客和市民提供旅游资讯和在线预订服务。游客和市民拨打本地区 968118 旅游热线按市话计费，异地拨打加拨长途区号，按长途计费。968118 旅游热线以人工座席为主，能够满足游客和市民的各类旅游需求。

## 第四节　旅游中的跨文化交际

### 一、跨文化交际分析

跨文化交际这一现象并不是近期才出现的，而是自古就有。随着人类不断进步，跨文化交际的内容、形式等也在不断改变。在当今时代，跨文化交际的手段和内容变得更为丰富。当然，对跨文化交际进行研究也有很长的历史。本节首先分析什么是跨文化交际。

### （一）什么是跨文化交际

“跨文化交际”一词是由著名学者霍尔提出的[①]，常用 cross-cultural communication 或者 intercultural communication 这两个意思相近的词来表达，刚开始指的是一些长期旅居国外的美国人与当地人之间展开的交际。但是，随着跨文化交际的深入，其定义变得更为广泛，指的是不同文化背景下的人们之间展开的交际活动。

如今，很多人将跨文化交际定义为来自不同背景的人们之间，通过语言来实现信息的交流与共享的过程。

### （二）跨文化交际的要素

跨文化交际的过程是一个信息编码与解码的过程。这一过程是非常复杂的，同时会受到多种因素的影响和制约。其主要包含两大因素：一个是言语交际因素；另外一个是非言语交际因素。下面就来分析和探讨这两大因素。

1. 言语交际

语言是人们进行交际的重要因素之一。语言跨越了人们的心理、社会等层面，与之相关的领域也很多。对语言进行研究不仅是语言学的任务，还是心理学、社会学等学科的任务和内容。因此，语言与交际关系的研究具有明显的跨学科性。

人具有很多特征，如可以制作工具、可以直立行走、具有灵巧的双手等，但是最能够将人的本质特征反映出来的是人的语言。人之外的动物也可以通过各种符号来进行信息的传递，如海豚、蜜蜂等都可以传递

① HALL E T. The Silent Language[M]. New York：Anchor Books，1959：5.

信息，但是它们所传递的信息只能表达简单的意义，它们的“语言”是不具备语法规则的，也不具有语用的规则。

人们往往通过语言对外部世界进行认识与理解。语言具有分类的功能，通过分类，人们可以对事物有清晰的了解与把握。人们的词汇量越丰富，他们对外部世界的认识就越清晰、越精细。

（1）言语交际的过程。人们在进行言语交际的过程中，往往会存在一个信 息取舍的过程。下面通过图 1-1 来表达言语交际的具体过程。

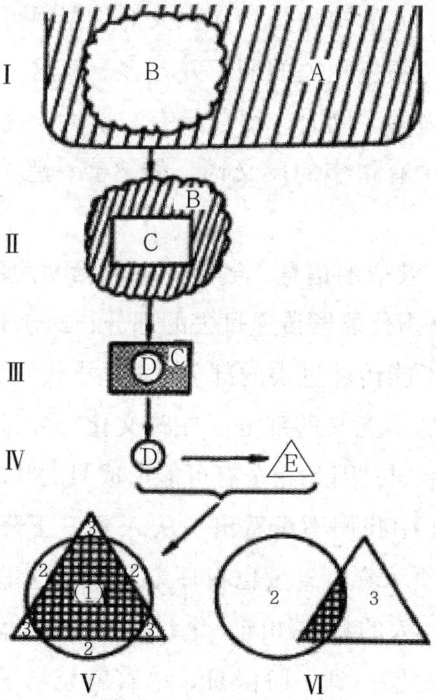


图 1-1　言语交际的过程[①]

（资料来源：陈俊生、樊葳葳、钟华，2006）

在图 1-1 中，A 代表的是人们生活的无限世界，B 代表的是人类的听觉、视觉、嗅觉、味觉、触觉这五种感官所能触碰到的部分，如眼睛

① 严明．跨文化交际理论研究 [M]. 哈尔滨：黑龙江大学出版社，2009：59.

可以触碰到光线的刺激，耳朵可以触碰到 20~20000 周波声[①]。另外，当这些感官不能处理多个信息的时候，在抓住一方时必然会对另一方进行舍弃。不过，还存在一些不是凭借五感来处理的，而是通过思维和感觉的部分。例如，平行的感觉、时间经过的感觉等就属于五感之外的感觉。人们在头脑中进行抽象化的思维，有时候与五感的联系不大。

C 代表的是五感可以碰触的范围中个人想说、需要注意的部分。D 代表的是个人注意的部分中用语言能够传达出来的部分，这里也具有一定的抽象性。例如，人的知觉是非常强大的，据说可以将 700 万种颜色识别出来。但是，与颜色相关的词汇并不多。就这一点来说，语言这一交际手段是相对无力的。同时，语言具有二层性，简单来说就是中间词较少。尤其是语言中有很多的反义词，如“善—恶”，是很难找到中间词的。

E 代表的是对方获取的信息，到了下面的第Ⅴ阶段，D 和 E 的重叠，在重叠的部分，1 是指代能够传递过去的部分，2 与 3 是某些有问题的部分，其中 2 是指代不能传递过去的部分，3 是指代发话人虽然并未说出，但是听话人自己增加了意义的部分。在跨文化交际过程中，由于不同人的世界观、价值观不同，因此完全有可能形成Ⅵ的状况。

总之，从图 1-1 中我们不难看出，从 A 到 E 下降的同时，形状的大小也在缩小，这就预示着信息量也在逐渐变小。这里面就融入了抽象的意义。在阶段Ⅰ中，人的身体如同一个过滤器；在阶段Ⅱ中，人的思维、精神等如同一个过滤器；到了阶段Ⅲ，语言就充当了过滤器。这样我们不难发现，言语交际不仅有长处，还有短处。为了更好地展开交际，人们就需要对言语交际的这一长处与短处有清楚的认识。

（2）言语交际的内容。在对跨文化交际影响的多个因素中，语言作为文化的重要表现，是跨文化交际的一大障碍。从萨丕尔・沃尔夫假设

① 陈俊森，樊崴崴，钟华 . 跨文化交际与外语教育 [M]. 武汉：华中科技大学出版社，2006：35.

中我们不难发现，语言是人们对社会现实进行理解的向导，对人们的感知和思维有着重要的影响。无论是何种语言，都有其独特的语音、词汇、语法、语言风格等。在学习一门外语时，对其语言习惯与交际行为的了解有着十分重要的意义。

其一，言语调节。语言并不是一个简单的交流工具，语言不仅是文化的载体，还是个人和群体特征的表现与象征。一般来说，能否说该群体的语言是判断这个人是否属于该群体的标志。同样，某些人都说同一语言或者同一方言，那么就可以很自然地认为他们都源自同样一种文化，他们在交流时也会表现出该群体文化下的行为规范、价值观念、交际风格，因此也会让彼此感到非常的轻松。由于所说的语言一般可以体现出说话人的省份，而且人们习惯于与说自己语言的人进行交流，因此学外语的热潮无论在国内还是国外都很高，人们都想得到更多群体的认同。不仅如此，语言还标志着一个民族的文化独立与主权，这对于一个国家民族而言是非常重要的。统一的语言是民族、群体间的黏合剂，其有助于促进民族的团结。更为有趣的一点是，人们对其他民族语言如此的崇尚，往往会爱屋及乌，对说这种语言的外国人也会不自觉地流露出亲近与欣喜之情。

语言具有的这种个人身份与凝聚力预示着言语调节的必然性。所谓言语调节，又可以称为“交际调节”，即人们出于某种动机对自己的语言与非语言行为进行调整，以求与交际对象保持所期望的社会距离。一般而言，说话人为了适应交际对象的接受能力，往往会迎合交际对象的需要与特点，对自己的停顿、语速、语音等进行稍微调整。

常见的言语调节有妈妈言语、教师言语等，就是妈妈、教师等为了适应孩子或者学生的认知与知识水平而形成的一种简化语言。这属于一种趋同调节的现象，有助于更好地进行交流，达到更好的交流效果。当然，与趋同调节相对，还存在趋异调节，其主要目的是维持自己文化的鲜明特征与自尊，对自己的言语与非语言行为不做任何的调整，甚至夸大与交际对象的行为，这种现象的产生正是由于语言作为文化独立象征以及个人身份而造成的。或者说，趋异调节的产生可能是因为说话人不喜欢交际对象，或者为了让对方感受未经雕饰或者原汁原味的语言。总之，无论是趋同调节还是趋异调节，都彰显了说话人希望得到交际对象的认同，通过趋同调节，我们希望更好地接近对方；通过趋异调节，我们希望能够保持一定的距离。因此，理想的做法应该做到二者的结合，不仅要体现出自己向往与对方进行交际的愿望，还要保证一种健康的群体认同感。

需要指出的是，在影响言语调节的多个因素中，民族语言活力有着非常重要的影响作用。所谓民族语言活力，即某一语言的社会经济地位以及说这种语言的分布情况与人数等。如果一种语言的活力大，那么对社会的影响力也较大，具有较广的普及率，政府与教育机构也会大力支持，人们也会更加青睐。这是因为人们会将说这种语言的人与语言本身的活力相关联，认为这些人会具有较高的声望，所以希望得到这样群体的接受与认同。

在跨文化交际中，言语调节理论证明了跨文化交际与其他交际一样，不仅是为了交流信息，还是一个个人身份协商与社会交往的过程。来自不同文化的交际双方在使用中介语进行交流时，还需要注意彼此的文化身份与语言水平并进行恰当调节。

其二，交际风格。在言语交际中，交际风格是非常重要的层面。著名学者威廉·古迪孔斯特和斯特拉·廷图米论述了四种不同的交际风格，即直接与间接的交际风格、详尽与简洁的交际风格、以个人为中心与以语境为中心的交际风格、情感型与工具型的交际风格。

在表达意图、意思、欲望等的时候，有人会开门见山，有人却拐弯抹角；有人直截了当，有人却委婉含蓄。美国文化更注重精确，美国英语的运用在很大程度上与这一点相符。从词汇程度上来说，美国人常使用 certainly、absolutely 等这样意义明确的词汇。从语法、句法上来说，英语句子一般要求主语、谓语、宾语齐全，结构要求完整，并且使用很多现实语法规则与虚拟语法规则。从篇章结构上来说，美国英语往往包含三部分：导言、主体与结论，每一段具有明确的中心思想，第一句往往是全段的主题句，使用连词进行连接，保证语义的连贯。与之相对的是中国、日本的语言，常用“可能”“或许”“大概”这些词，篇章结构较为松散，但是汉语中往往形散神不散，给人回味无穷的韵味。

英汉语言的差异加上受个人主义与集体主义的影响，导致了英美人与中国人交际风格的差异。中国文化强调和谐性与一致性，因此在传达情感与态度以及对他人进行评论与批评时，为了避免难堪，往往比较委婉，喜欢通过暗示的手法来传达。如果交际双方都是中国人，双方就会理解，但是如果交际对象为英美人，就会让对方误解。从英美人的价值观标准上来说，坦率表达思想是诚实的表现，他们习惯明确地告知对方自己的想法，因此直接与间接的交际风格会出现碰撞。

不同的交际风格有量的区别，即在交流时应该是言简意赅，还是详细具体，或者是介于二者间的交际风格。威廉·古迪孔斯特和斯特拉·廷图米在对其他学者研究结果的基础上进行研究，他们指出，中东的很多国家都属于详尽的交际风格；北欧和美国基本上属于不多不少的交际风格；中国、日本等亚洲国家属于简洁的交际风格。这是因为阿拉伯语本身具有夸张的特点，这使得阿拉伯人在交际中往往会使用夸张的语言来表达思想和决心。例如，客人在表达吃饱了的时候，往往会多次重复“不能再吃了”，并夹杂着“向上帝发誓”的话语，而主人对“no”的理解也不是停留在表面，而认为是同意。中国、日本作为简洁交际风格的代表，主要体现在对沉默、委婉的理解上。

威廉·古迪孔斯特和斯特拉·廷图米提出了以个人为中心和以环境为中心的交际风格。以个人为中心的交际风格是采用一些语言手段，对个体身份加以强化；以环境为中心的交际风格是运用语言手段，对角色身份进行强化。这两种交际风格的差别在于以环境为中心的交际风格是运用语言将社会等级顺序进行反映，将这种不对等的角色地位加以彰显；以个人为中心的交际风格是运用语言将平等的社会秩序加以反映，对对等的角色关系加以彰显。同样，在日语中，存在着很多的敬语和礼节，面对不同的交际对象、交际场合、角色关系等时，会使用不同的词汇、句型，并且人际交往也非常的正式。如果是在一个非正式的场合，日本人往往会觉得不自在，在他们看来，语言运用必然与交际双方的角色有着密切的关系。与中国、日本的文化存在鲜明对比的是英语，英美文化推崇直率、平等与非正式，因此他们在使用语言进行交际时往往使用那些非正式的称呼或者敬语，这种交际风格表达是美国文化对民主自由的推崇。

中西方交际风格的差异还体现在情感型和工具型的区别上。情感型的交际风格是以信息接收者作为导向，要求接收者具备一定的本能，对信息发出者的意图要善于猜测与领会，要能够明白说话人的弦外之音。另外，说话人在信息发送的过程中，要观察对方的反应，及时地改变自己的发话方式与内容。因此，这样的言语交际基本上是说话人与听话人之间信息与交际关系的协商过程。相比之下，工具型的交际风格是以信息发出者作为导向，根据明确的言语交际来实现交际的目标，说话人明确地阐释自己的意图，听话人就很容易理解说话人的言外之意，因此与情感型的交际风格相比，听话人的负担要轻很多。可见，工具型的交际风格是一种较为实用的交际风格。

显然，上述几种交际风格是相互关联与渗透的，它们是基于不同的文化价值观建立起来的，其中影响力最大的是集体主义与个人主义的差异，其贯穿于社会的各个领域，并从很大程度上决定中西方文化的不同。

2. 非言语交际

言语交际是通过语言来展开交际的，而非言语交际是通过非言语交际行为展开交际的。非言语交际是言语交际的一种辅助手法，是往往被人们忽视的手法。但是，非言语交际在英汉交际中也起着十分重要的作用，甚至能达到言语交际无法实现的效果。非言语交际包含多个层面，如体态语、副语言、客体语言等。

对于非言语交际行为，中外学者下了不少的定义，从笼统层面讲，非言语交际是一种不运用语言展开的交际，从具体层面来讲，非言语交际是指不运用言辞来表达，并且被社会认可与熟知的一种行为。

## 二、旅游中的跨文化交际行为

### （一）冲突行为

在这个包罗万象的社会，文化冲突和碰撞引起了学术界的广泛关注。不同阶级之间以及富人和穷人之间都会产生冲突，但是在现在的社会中，最尖锐、最突出的冲突是不同文化实体中的人民之间的冲突。顾名思义，文化冲突是因为文化而引起的冲突。在世界上的不同国家、地域，在不同的社会历史条件下，出现了不同的文化。国家、民族地位的改变和社会经济发展的需要使得对外文化交往成为必要之举，也因此导致了文化冲突。简言之，文化冲突就是某种文化自身在新旧交替的过程中以及与外来文化的交流中产生的摩擦与矛盾。

尽管有些文化重视和谐，有些文化以对抗作为解决问题的主要方法，但在人类关系发展的过程中，冲突是一个必然存在的事实。也就是说，有人类的地方就有冲突存在。冲突是人生一个无法避免的事实，是一个具有普世性的现象与概念。

1. 冲突的本质

广义而言，只要两个对象之间的需求无法搭配或相容，人们就可以说，他们处于冲突的情境之中。[①] 不管文化差异的大小，冲突都是日常

① 方海霞，金新元．中西方商业文化差异的跨文化交际[J]. 商业文化，2016（8）：20-23.

生活的一部分。冲突与人生形影不离，有人或许会以为某些人一定乐于与人发生冲突或是以冲突为乐。其实不然，不管中外，只要是正常人，当他们身处冲突情境时，感觉通常是负面的、不愉快的。虽然冲突是一个普世性的现象，但是不同文化的人们对冲突这个概念，在意义的认知上，还是有所差别。例如，"冲突"这个词在英文中为"conflict"，依定义是，只要彼此需求不相配就是"conflict"。但从中文的角度来看，把"conflict"翻译成"冲突"，其实并不是很理想。因为中文"冲突"的意义比英文的严重得多。中文"冲突"的意义已接近英文的"clash"，意指有暴力性或倾向的"conflict"或对抗。其他接近"conflict"意义的中文有"分歧""纠纷""问题"和"矛盾"。

大致上中文"矛盾"和英文"conflict"的意义较为接近。不过，"矛盾"在中国也有不同的用法。从历史的典故而言，矛和盾都是武器，买者自夸其矛无盾不破，又自诩其盾无矛不挡，结果在逻辑上说不通。因此，"矛盾"原意为"互反"（mutually opposed）或"逻辑的不相容"（logically incompatible）。如此和英文的"contradiction"比较相近，而非"conflict"。

但是"矛盾"后来演变出了其他的意义。把个人、人际间、团体间、组织间以及阶级间在价值观、信仰、态度、意见与意识形态上的差异，认为是"矛盾"的内涵。由此可见文化对"冲突"意义之认定的影响。最后，从沟通结构的角度来看，冲突在每一个沟通层次都会发生。依性质而言，冲突有虚实之分。所谓"实冲突"（real conflict），指因争取资源、权力或地位的真实性的对抗。这种冲突产生了"零和"（zero-sum）的情况，也就是说，结果一定有输赢。甲方赢就意味着乙方输，像各种球类竞赛一样，两方对峙，不能同赢或双输。

"虚冲突"又称"诱发性冲突"。原本并无真正的冲突，但是为了特殊的目的，如凝聚团体成员，刻意制造出一个假想的对手。这在政治上也常发生，政客与政客之间或国与国之间常常会树立一个假想敌或外患来巩固或争取选票，或激发国人的爱国情操。

2. 文化对冲突的影响

文化对冲突的经营与解决的影响可从文化的三个面向说起：文化情境、语言差异以及思想形态。

（1）文化情境。文化价值取向区分为高情境文化和低情境文化，信息、情境和意义均衡地、功能性地结合在一起。分享的信息愈多，情境的程度愈高。因此，文化分布在高情境与低情境的连续线上。

（2）语言差异。简而言之，每一个文化都有一种制约其发展的语言结构，包括语形、语音、语句、语意和语用等领域的规则。这些语言本身的结构是沟通时首先会遇到的问题。换句话说，不了解一个语言的结构根本就无从沟通起，彼此间的误会与冲突也因此更容易产生。

不过，语言结构是属于沟通的显性层次，只要经过学习的过程，通常在一段时间内，就能有一定的了解与运用的能力。因此，语言的差异对冲突经营或解决的影响让人最难以驾驭的部分是语言的表达方式，代表着沟通的隐性层次，深深受制于文化深层的价值取向。①

在人类开始学习说话时，语言的表达方式慢慢地就跟着发展。由于语言表达的方式能反映和具体化人们文化的信仰，在互动时，因表达方式的不同，往往会引起冲突。从文化情境方面进行分类，语言的表达可分为直接与间接两种方式。直接表达的方式特别重视自我表现、口头的流利、雄辩的言说和试图直接说服对方接受其观点的倾向。反之，间接表达方式的特色在于较常使用模糊性的语言和不直接说“不”或拒绝对方，以营造和谐的互动气氛。

很明显，直接表达语言是低情境文化的特征；间接表达语言的方式则代表了高情境文化的特征。在互动的过程中，使用直接表达方式的人们比较容易引发冲突，而且在解决冲突时，他们倾向于采取对抗的方法。

① 冉利华.旅居者如何化解跨文化冲突[J].湘潭大学学报（哲学社会科学版），2013（4）：159-160.

在自我表露的过程中，我们可以清楚地看出语言表达方式的差异。

（3）思想形态。思想形态指文化成员推理的方式或解决问题的步骤。从语言的表达中可以很容易分辨出思想的形态差异。

3. 跨文化冲突解决方法

解决跨文化冲突的方法大致上可分为以下五种。

（1）文化支配法。这是以自我或自己文化为中心的冲突解决法，也就是“我是他非”的作风。①

（2）文化顺应法。与文化支配相反，是“我非他是”的利他做法。如同入乡随俗一样，迁就对方。这种迁就可能是真的欣赏对方，可能是屈服于对方的势力，也可能是担心互动结果的不理想而产生的。

（3）文化妥协法。此法局部综合了双方的需求，结果是各方都赢一些，但也输一些。也就是既没有全赢，也没有全输。在事情不能两全的时候，这倒是 一个可取的折中法。

（4）文化逃避法。这是鸵鸟主义法。把头栽入泥沙里，看不见问题就以为 问题不存在了。

（5）文化综合法。同时顾及双方的需要，发展出另一套双方可以同意与互 利的方法，以便更好地把问题解决。这是达到双赢结果的保证。②

这五个跨文化冲突或问题解决的方法各有利弊。表面上看来，除了文化综合法之外，其他各法似乎都不可取。其实，在实际运作情况下，并不见得如此。尤其是从策略性的角度出发，有时候只有刻意使用非预期的方法才能出奇制胜。不过，整体而言，文化综合法还是在跨文化冲突解决中最为理想的方法。它不仅解决了问题，还使双方都乐于接受，没有怨恨存在。

文化综合的冲突解决方法是一种用以经营多元文化冲击的主要方法之一。它具有四项原则：①文化的异质性，信仰文化多元主义；②文化

① 徐屹丰 . 跨文化广告说服机制中的冲突管理 [D]. 上海：上海外国语大学，2011：11.

② 徐屹丰 . 跨文化广告说服机制中的冲突管理 [D]. 上海：上海外国语大学，2011：11.

同异性，相信人们之间相似和相异的特性同时存在；③殊途同归性，不同文化方法对解决相同的问题同时有效；④文化经权性，了解自己的方法只是众多方法中的一种。

4. 文化冲突的分类

文化冲突的分类方法不止一种。从不同的角度可以将文化冲突分为不同的类型。从宏观的角度来看，文化冲突表现为本土文化和外来文化的冲突、传统文化和现代文化的冲突、主流文化与非主流文化的冲突、精英文化与大众文化的冲突和科技文化与人文文化的冲突。

（1）本土文化和外来文化的冲突。中华民族具有五千年的历史，因此中国传统文化具有深厚的历史底蕴，可以说是一种古老的文化。而西方文化是一种年轻的文化。中西方文化具有明显的差异性。因此，在中西方文化交流的过程中，文化冲突就必然出现。在不同的历史时期，中西文化交流表现出不同的特点，因此也呈现出不同的文化冲突。

（2）传统文化和现代文化的冲突。中国传统文化是以儒家文化为核心要素的，而中国特色社会主义文化是以马克思主义为核心的，在前者向后者过渡的过程中就产生了文化冲突。中国传统文化在向现代文化过渡的过程中，不得不思考文化继承和文化创新的问题。

（3）主流文化与非主流文化的冲突。在政治的视阈下，依据文化对社会的影响力，文化分为主流文化和非主流文化。主流文化是指在一个文化体系中占主导地位的文化，规定着文化发展的方向和形态。非主流文化与主流文化相对，是指在一个文化体系中处于受支配地位的文化。两种文化通常相提并论，并非时刻对立。

（4）精英文化与大众文化的冲突。从文化主体的角度来看，文化分为精英文化与大众文化。精英文化是由知识分子阶层创造和传播的文化形式，是一种探求真、善、美等价值的高雅文化。它富于情感和深厚的文化底蕴，体现出深刻的哲学思考和美学见解。精英文化大多借助行政手段进行传播，在一定程度上规范着社会道德和价值观念的发展。大众文化以社会大众为对象，以满足大众的文化娱乐生活为目的，反映着大多数人的文化心理和价值取向，着重表现社会生活的世俗层面，是在生活中流行度最广的文化。精英文化与大众文化的冲突并不是绝对的，而是相对的。精英文化指引着我们的文化方向，要求我们追求更高的精神境界，而大众文化与我们的生活紧密相连，丰富着我们的文化生活。

（5）科技文化与人文文化的冲突。科技文化是关于科学技术的知识和文化。人文文化主要是指社会意识和思想观念，注重人们精神领域的需求和社会价值观念的形成，主要有哲学、文学、艺术等形式。科学技术作为工具理性，满足了人们的物质文化追求，推动了社会的进步。人文文化追求的是价值理性。人本主义思潮的出现更是激化了两者的对立和冲突。科技水平增长过快破坏了生态环境，造成了资源短缺。科技文化的快速发展导致人们出现各种精神层面的问题，加剧了社会矛盾。科学文化的发展离不开人文文化的支撑，否则就会出现唯科学主义。而人文文化离开了科技文化，就失去了客观、科学的理论依据。科技文化与人文文化具有统一性，两种文化相互交融，相互补充。

5. 信息时代下文化冲突的表现

当今世界是信息时代，科技的日新月异已经彻底颠覆了这个世界，信息技术已经渗透人类生活的方方面面。自从网络出现以来，人们越来越意识到它的优越性，进而不断利用网络来提高自己的生活质量。网络的应用从学术研究领域逐渐延伸到通信、娱乐、政企管理等领域，可以说发挥了巨大的带动作用。在政治上，网络促进了信息的透明化和双向化，简化了政府机构的办公手续，提高了政府服务于人民的效率。在经济上，依靠网络的电子商务模式对传统商务模式造成了巨大的冲击，让商务合作变得更便捷。在文化上，网络带来了无纸化阅读方式，人们可以借助网络在电脑和手机上阅读任何作品，还可以观看任何影视剧。

（1）文化群体交叉。在网络这个广阔的平台上，文化的传播和交流变得异常高效。文化群体可以突破时间和空间的限制，自由地进行沟通。

因此，网络环境中的文化群体可以接触的异质文化更多，学习的空间也就更大。文化群体之间相互批判、相互继承，表现出交叉的现象。

（2）文化冲突显著。网络可谓是通古今、知中西，无论是多少年前的事情以及多么遥远的区域内发生的事情，人们都可以在网络上查询到。各种文化冲 突在网络中相遇，网络环境成了文化冲突发生的阵地。在网络诞生之前，时间和地理空间上的距离让文化冲突有了一些喘息的机会，而现今的网络环境正式给文化冲突打开了畅通的渠道，一切思想在这个平台上涌流，文化冲突的发生频率显然更高。每个人都可以自由地进行文化讨论，从而成为信息的发送者和接收者，所以说网络时代下的文化冲突也更加开放。

（3）文化冲突强烈。网络具有虚拟性，这也是它神秘的地方。每个用户都躲在网络的背后，他们可以伪装成任何身份与其他人对话和交流，可以就任何文化直接表明自己的立场。正是因为网络可以掩盖人们的身份，所以网络用户比较容易发出激烈的言辞、做出夸张的结论，甚至使事态演变得非常恶劣。

### （二）误读行为

文化误读（cultural misunderstanding）是基于一方的社会规范、观念体系、思维方式等对另一种文化产生的偏离事实的理解和评价。[①] 即使在同一文化内的交际中，误读也是存在的，只是在跨越文化交际中这种正常的误读会被放大，进而引起人际关系的恶化。

1. 文化误读产生的原因

不同的国家和民族有着不同的语言结构、社会历史背景、风俗人情，并且可能还有着不同的政治和意识形态，这些都可能导致文化误读。在跨文化交往中，除了文化的深层结构会造成误读外，解读者自身的知识

① 谢晓娟．论对外文化交流中的中国国家形象 [J]．当代世界与社会主义，2012（3）：17–21．

背景、社会地位等也是造成误读的因素。其中，由于知识背景导致误读的现象最为普遍，这主要是因为不同的文化解释者在知识的深度和广度上是不同的。例如，在马可·波罗的游记中，由于自身的知识背景，他曾把东方的犀牛当成了西方传说中的独角兽。

另外，在跨文化交往中，任何一个交往主体对异文化的态度都很难摆脱自身文化框架的束缚。西方社会对东方文化一直存在误读，东方社会同样对西方文化也存在误读。他们一方面对遥远而陌生的文化很好奇，另一方面基于对自身文化的怀疑又有着探索外部世界的好奇心理。总之，当人们对自身的文化感到非常满意时，往往会通过在异文化中寻找相似点来证明自身的优越性，从而忽视了异文化的独特之处；相反地，当人们不满于当前的文化现状时，往往希望从异文化那里找到解决自身矛盾的钥匙。

2. 文化误读的意义

虽然说文化差异导致了误读，但误读也是有意义的。文化误读可以对异文化进行补充和扩展，或者将异文化中某些潜在的、不易察觉的特征展现在世人面前。正是因为不同文化间的不可译、不可沟通，不同文化之间才会对彼此好奇，才会相互吸引，进而加强文化间的进一步相互交流。甚至有时候还会带着某种意图而对异文化进行有意识的误读，其中既有解读者对不同文化的深入探究，也不乏被异域陌生观念激发的灵感。

3. 文化误读的分类

文化误读可以分为积极误读与消极误读两种情况。

（1）积极误读。积极误读是指主体文化从客体文化的角度来审视自己的文化，进行自我批判，并且虚心向其他文化学习。积极的文化误读在一定程度上体现了人们不断向异文化靠拢的愿望。通过对艺术或人文作品的误读，人们的想象力可能会被激发出来，灵感也可能由此迸发出来。中国文化进入西方文化的过程就是通过伏尔泰、莱布尼兹、歌德等学者的改写和误读完成的。当积极的误读叠加到一定程度时，就会经历从量变到质变的飞跃，带给彼此正确的认知，创造出新的意义，丰富异文化的内涵，体现出本土文化的主观能动性。高度一致的解读带来僵化，误读常常促进双方文化的进一步发展。

（2）消极误读。消极误读是主体文化排斥客体文化，带着对自身文化的优越感轻视客体文化。

人类沟通或关系发展的过程不可避免地必须面对各种可能的冲突或龃龉。为了解决这些问题，人们随时得经由谈判（negotiation）的过程来说服对方以做出满意的决策。因此，有关系就有冲突，有冲突就有谈判的存在。可见谈判是人类沟通互动中的一个紧要部分。

由于文化的复杂性，在从事跨文化或国际谈判时，应该特别注意四个项目：谈判者及情况、决策的形态、文化噪声以及解说和翻译者。

（1）谈判者及情况。谈判者的选择标准与有利于我方的谈判的情况是两个谈判的基本问题。首先是谈判代表人选择的问题。美国、巴西、日本对适当谈判人选的条件较为接近。日本虽然和美国、巴西一样重视口头表达能力，但是也同时注重聆听的能力。谈判的情况包括地点、场所摆设、谈判时间、地位等要素。地点应该选在我方的办公室、对方的办公室还是第三个中立的地点，这些都是在谈判过程中，根据谈判的性质，必须考虑到的地点问题。大部分人似乎喜欢选择较中立的地点进行谈判。谈判时间的运用对跨文化谈判具有很大的影响。在跨文化谈判时，不同的文化对时间概念的认知不同，因此时间的运用常常成为一个克服对方的武器。最后是谈判者地位的决定。美国人较喜欢不正式的行事作风，也较重视人人平等的观念，因此他们重视谈判者的专业知识，而非社会地位。东方人则重视层级关系，对谈判资格的选择，往往是以个人的社会地位或尊卑长幼来决定。这种差异常常给跨文化谈判带来诸多困扰。

（2）决策的形态。从文化情境的角度，人们已经了解高情境文化和低情境文化有着不同的问题或冲突解决方法。决策既然是问题解决过程的一环，文化必然也赋予它的成员一套决策的形态。

（3）文化噪声。文化噪声专指在沟通过程，阻止或扭曲信息流动的各种障碍。在跨文化谈判中，这种障碍主要存在于信息本身和输送的过程。也就是语言与非语言的表达行为。口语谈判的策略包括了十一种：承诺、恐吓、劝告、警告、奖赏、惩罚、规范性诉求、诺言、自我表露、质问、命令；非口语的谈判策略包括：沉默、交谈重叠、脸部直视以及触摸。

（4）解说和翻译者。在跨文化谈判的过程中，常常要依赖解说或翻译来协助双方彼此了解讨论的内容与文件用语的正确性。在跨文化沟通的过程中，翻译可能造成三项困扰：①不同语系之间常常很难找到对等的词语来翻译；②错误的翻译可能酿成巨大的悲剧；③正确可靠地翻译不容易，因此常常需要仰赖专业人才。

在跨文化谈判中进行翻译时必须注意以下三点：第一，翻译过的词语在双方的主观意义上十分重要；第二,一方语言的概念若在对方的语系中不存在时，该如何处理；第三，双方的语言是否具有难以翻译的内在推理或思考形态。

# 第二章　旅游英语与跨文化交际

旅游英语与跨文化交际之间存在着密不可分的关系，它们相互交织、相互促进。旅游英语作为跨文化交际的桥梁，为不同文化背景的人们提供了有效的沟通途径。在旅游过程中，游客通过运用旅游英语，不仅能够更好地与当地人进行交流，还能够深入了解目的地的文化背景和社会习俗，促进文化间的相互理解和尊重。同时，跨文化交际也为旅游英语的学习和实践提供了广阔的平台，使得游客能够在实践中不断提高自己的语言能力，更好地适应不同文化环境。因此，旅游英语与跨文化交际的结合，不仅丰富了人们的旅游体验，也促进了国际文化交流和友谊发展。

## 第一节　旅游英语的特点与重要性

英语作为一种全球性的语言，被广泛运用于各个领域，旅游业也不例外。于是，关于旅游方面的英语词语和图书开始慢慢融入人们的生活，旅游文体的重要性也日益突出。与法律英语、科技英语、商务英语类似，旅游英语本身属于专门用途英语的一部分，因此无论在用词、选句还是语篇组织上，旅游英语文本都有自身的语言特点，并且这些层面更能体现旅游英语翻译的复杂性、综合性与跨学科的特征。

### 一、旅游英语概述

“旅游英语”是专门用途英语，即用于旅游行业，为旅游提供服务的英语。它可以为旅游推介者进行宣传和为潜在游览者获取信息。在具体界定旅游英语之前，先来回顾一下专门用途英语的界定。所谓专门用途英语，就是指与某种职业、某种学科和某种目的相关的英语教学，与学习者的兴趣和学习目的密切相关。专门用途英语同样要注重学习者英语技能的培养，包括听、说、读、写、译等技能，但涉及不同的目的和应用领域，如学术、科技、商务、法律、医护、出版等领域。根据对专门用途英语的界定与简述，可以将旅游英语界定为与旅游行业有关的英语，是以旅游为目的而使用的英语。

## 二、旅游英语的特点

由于旅游涉及诸多方面，如景点介绍、当地习俗与文化、地方物产、餐饮与住宿、交通等方面，因此旅游英语难免涉及景点的景色描写、地理位置、历史沿革、文化、风俗、特产、美食等。另外，旅游英语不仅包括平铺直叙的文字，还涉及宣传甚至广告，所以这里就需要注意相关的行业术语、文化意象、修辞手法、礼貌语气和宣传语气等。也就是说，旅游英语不仅有自己的语言特征，还有独特的修辞特征、文化特征和语气特征等。

### （一）知识面广泛

旅游英语的知识面广泛，它不仅仅涉及基础的英语语言技能，还涵盖与旅游相关的各个领域的知识。这包括旅游目的地的地理、历史、文化、风俗、美食、购物等方面的知识。学习旅游英语，学习者需要具备跨学科的知识，能够理解和传达与旅游相关的各种信息，以满足游客在旅行过程中的多元化需求。

### （二）实用性强

旅游英语的实用性是其另一个显著特点。它不仅仅是一种学术性的语言，更是一种能够直接应用于旅游服务和管理的实用技能。无论是酒店接待、旅游咨询，还是导游解说，旅游英语都发挥着至关重要的作用。它要求学习者能够在实际情境中准确、流利地使用英语进行交流，解决游客在旅行过程中遇到的各种问题，为游客提供良好的旅行体验。

### （三）文化敏感性

旅游英语涉及不同国家和地区的文化，因此具有高度的文化敏感性。在旅游服务中，文化差异可能导致误解和冲突，因此学习者需要具备跨文化意识，了解和尊重不同文化背景下的习俗、信仰、价值观等。通过旅游英语的学习，学习者能够更好地理解不同文化，明确不同文化的相似性和差异性，促进文化交流和融合，为游客提供更加贴心和专业的服务。

### （四）修辞生动

旅游英语在描述景点、美食、文化等内容时，常使用生动形象的修辞手法。这种修辞方式能够吸引游客的注意，增强旅游体验的趣味性。例如，通过形象的比喻、生动的描绘，可以让游客更好地感受到景点的美丽和独特之处；通过幽默诙谐的语言，可以缓解游客在旅行中的疲劳和紧张情绪。这种修辞生动的特点使得旅游英语更具感染力和说服力，有助于提升游客的参与度和满意度。

### （五）沟通技巧多样

旅游英语要求学习者掌握多种沟通技巧，以适应不同情境和对象的需求。这包括倾听技巧、提问技巧、解释技巧、建议技巧等。在旅游服务中，有效的沟通是解决问题的关键。通过倾听游客的需求和意见，可以更好地满足他们的期望；通过提问技巧，可以引导游客表达自己的想法和感受；通过解释技巧，可以清晰地传达旅游信息和规定；通过建议技巧，可以为游客提供有价值的旅行建议。这些沟通技巧的多样性使得旅游英语更具灵活性和适应性，有助于提升旅游服务的质量。

### （六）专业术语丰富

旅游英语包含大量的专业术语和行话，这些术语是旅游行业从业者必须掌握的。这些专业术语涵盖旅游行业的各个方面，如旅游产品的介绍、旅游服务的提供、旅游行业的法规政策等。掌握这些专业术语有助于学习者更好地理解旅游行业的运作机制和服务流程，提升他们的专业素养和服务水平。同时，专业术语的丰富性使得旅游英语更具专业性和权威性，有助于提升游客对旅游服务的信任度和满意度。

### （七）场景应用广泛

旅游英语的应用场景非常广泛，几乎涵盖旅游相关的所有领域和场所。无论在旅行社、酒店、景区等旅游相关场所，还是交通工具的使用等，都需要使用旅游英语进行沟通和服务。这种场景应用的广泛性使得旅游英语成为一种通用的国际语言，为旅游业的国际化发展提供了重要的支持。同时，场景应用的广泛性要求学习者根据不同的场景和对象调整自己的语言表达方式和服务策略，以适应不同国家和地区的语言环境与文化背景。

### （八）更新迅速

随着旅游业的发展和变化，旅游英语的内容也在不断更新和变化。新的旅游景点、旅游项目、旅游政策等都需要及时反映在旅游英语中，以保持其时效性和准确性。这种更新迅速的特点要求学习者保持对旅游业的关注和学习热情，不断更新自己的知识和技能，以适应旅游业的发展变化。同时，更新迅速的特点使得旅游英语成为一种动态的语言体系，为旅游业的创新和发展提供了源源不断的动力。

## 三、旅游英语的重要性

在全球化日益加深的今天，旅游英语的重要性愈发凸显。它不仅是旅游业发展的重要推手，也是促进国际交流和文化融合的重要工具。以下是旅游英语重要性的几个主要方面。

### （一）促进国际旅游业的繁荣

旅游英语作为国际旅游业的通用语言，为各国游客和旅游业从业人员之间的沟通提供了便利。无论是旅行社的咨询、酒店的服务、景点的导览，还是旅游产品的推广，都离不开旅游英语的应用。因此，掌握旅游英语有助于提升旅游业的服务质量，吸引更多国际游客，促进国际旅游业的繁荣。

### （二）加强跨文化交流

旅游不仅是身体的移动，更是文化的交流。旅游英语作为跨文化交流的桥梁，有助于游客和当地人之间的文化沟通和理解。通过旅游英语，游客可以更好地了解当地的历史文化、风俗习惯和社会现状，而当地人也可以向游客展示自己的文化特色和魅力。这种双向的文化交流有助于增进不同文化之间的理解和尊重，促进世界的和平与发展。

### （三）提升个人职业竞争力

对于旅游业从业人员来说，掌握旅游英语是提升个人职业竞争力的重要途径。随着国际旅游业的不断发展，越来越多的旅游企业开始注重员工的英语水平，将其作为招聘和晋升的重要标准。因此，掌握旅游英语不仅有助于个人在职业生涯中的发展，也有助于提升整个旅游行业的服务水平。

### （四）推动地方经济发展

旅游业是许多国家和地区的支柱产业之一，对于地方经济的发展具有重要意义。而旅游英语作为旅游业的重要工具之一，其普及和应用有助于吸引更多国际游客前来旅游消费，推动地方经济的繁荣。同时，通过旅游英语的应用，还可以促进当地特色产品和文化的传播和推广，进一步拓展旅游市场。

## 第二节　跨文化交际的重要性与难点

跨文化交际在全球化时代的重要性不言而喻，它不仅是不同文化间相互理解、尊重和融合的桥梁，也是推动国际合作与发展的重要动力。然而，跨文化交际的难点也显而易见。由于不同文化背景下的价值观、思维方式、语言习惯和行为规范等存在差异，这可能导致在交流过程中出现误解、冲突甚至障碍。因此，理解和掌握不同文化的特点和规则，提高跨文化交际能力，对于促进国际交流、增进文化理解、实现和谐发展具有重要意义。

### 一、跨文化交际的重要性

跨文化交际的重要性主要体现在以下几个方面。

#### （一）促进国际理解与尊重

跨文化交际的核心在于不同文化之间的相互理解与尊重。在全球化的今天，各国之间的联系日益紧密，文化交流变得尤为重要。通过跨文化交际，人们能够更深入地了解其他国家的文化、传统、价值观和习俗，从而减少偏见和误解，增强国际相互理解和尊重。这不仅有助于建立和谐友好的国际关系，还有助于推动世界的和平与发展。

#### （二）推动国际合作与发展

跨文化交际对于国际合作与发展具有至关重要的作用。在国际合作中，不同文化背景的参与者需要共同协作，以达成共同的目标。通过跨文化交际，参与者们能够更好地理解彼此的文化背景、思维方式和行为习惯，从而更有效地进行沟通与协调。这种相互理解与尊重有助于消除合作中的障碍，提高合作的效率和质量，推动国际合作的深入发展。

### （三）增强个人综合素质

跨文化交际对于个人综合素质的提升也具有重要意义。在跨文化交际的过程中，人们需要不断学习和适应不同的文化环境，提高自己的跨文化交际能力。这种能力包括语言能力、沟通能力、适应能力、解决问题的能力等。通过锻炼这些能力，个人能够更好地适应全球化的工作环境，提高自己的综合素质和竞争力。

### （四）丰富人类文化多样性

跨文化交际有助于保护和传承人类文化的多样性。在文化交流的过程中，不同文化之间的碰撞和融合能够产生新的文化元素和形式，丰富人类文化的内涵和外延。同时，跨文化交际还能够促进不同文化之间的交流与借鉴，推动各种文化的创新与发展。这种文化多样性是人类文明的重要组成部分，也是推动人类社会进步的重要动力。

### （五）培养全球视野和意识

跨文化交际有助于培养人们的全球视野和意识。在全球化的背景下，人们需要具备全球视野和意识，以更好地适应和利用全球化带来的机遇和挑战。通过跨文化交际，人们能够更深入地了解世界各国的文化、经济、政治和社会状况，从而形成更加全面、客观和深入的认识。这种全球视野和意识有助于人们更好地参与全球竞争与合作，推动个人和国家的长远发展。

## 二、跨文化交际的难点

跨文化交际的难点在实际操作中确实存在诸多挑战，体现如下。

### （一）语言障碍

语言障碍是跨文化交际中最直接、最显著的难点之一。不同的语言不仅意味着词汇和语法的差异，还涉及语音、语调、语速和方言等。即使双方都能说同一种语言，也可能因为口音、方言、俚语等因素导致理解上的困难。此外，非言语沟通中的肢体语言、面部表情和眼神交流等也可能因为文化差异而产生误解。在跨文化交际中，有效的语言沟通是建立关系、传递信息和解决问题的关键。

### （二）文化差异

文化差异是跨文化交际中最为复杂和难以克服的难点之一。不同的文化背景下，人们的行为习惯、价值观念、社会规范、思维方式等都可能存在巨大差异。这些差异可能导致在交际中出现误解、冲突和隔阂。例如，某些文化可能强调个人主义和直率表达，而另一些文化则更注重集体主义和委婉表达。在跨文化交际中，了解和尊重对方的文化差异，适应并融入新的文化环境，是建立有效沟通的关键。

### （三）价值观冲突

价值观冲突是跨文化交际中常见的难点之一。不同的文化背景下，人们可能持有截然不同的价值观，如个人主义与集体主义、自由与保守、平等与等级等。这些价值观的冲突可能导致双方在沟通中产生分歧和矛盾，甚至可能影响到合作关系的建立和发展。在跨文化交际中，了解和尊重对方的价值观，寻求共同点，建立共同的价值观基础，是缓解价值观冲突、促进有效沟通的关键。

### （四）非语言沟通障碍

非言语沟通在跨文化交际中同样重要，但也可能成为障碍之一。不同的文化背景下，人们可能使用不同的非言语沟通方式，如面部表情、眼神交流、身体姿势、手势等。这些非言语沟通方式的差异可能导致在交际中出现误解或不适。例如，某些文化中微笑可能表示友好和欢迎，而在另一些文化中则可能表示尴尬或不满。在跨文化交际中，了解和适应对方的非言语沟通方式，避免误解和冲突，是建立有效沟通的关键。

### （五）文化刻板印象

文化刻板印象是跨文化交际中另一个常见的难点。人们往往根据自己的经验、媒体报道或社会常识对某些文化群体形成固定的看法和偏见，这些刻板印象可能不准确且带有偏见。在跨文化交际中，文化刻板印象可能导致对对方的不公正评价或偏见，从而阻碍有效的沟通。要克服文化刻板印象的难点，需要保持开放的心态，积极了解和学习对方的文化，避免用刻板印象来评价他人。

### （六）适应新文化的能力

在跨文化交际中，个体不仅需要适应新的语言环境，还需要适应新的文化环境。这种适应过程可能带来一定的心理压力和焦虑感，如孤独感、文化冲击等。这些压力可能影响个体的心理健康和交际能力。要克服适应新文化的压力，需要保持积极的心态，主动寻求帮助和支持，如参加文化交流活动、与当地人建立友谊等。同时，也需要学会放松自己，给自己一定的时间和空间来适应新的环境。

### （七）法律和政策差异

不同国家和地区可能存在不同的法律和政策规定，这些差异可能导致在跨文化交际中出现合规问题。例如，在商业合作中，双方可能需要遵守各自国家的法律法规和商业惯例，这可能导致在合同、支付、税收等方面出现分歧和冲突。此外，不同国家对于隐私、知识产权等方面的保护也可能存在差异。在跨文化交际中，了解和遵守当地的法律和政策规定，寻求专业的法律咨询和帮助，是确保合作顺利进行的关键。

### （八）媒体和信息的偏见

媒体在塑造公众对不同文化的看法方面起着重要作用，但媒体报道可能存在偏见或误导性信息。这些偏见或误导性信息可能导致人们对某些文化产生误解或偏见，从而阻碍跨文化交际的顺利进行。要克服媒体和信息的偏见难点，需要保持批判性思维，对媒体报道进行客观分析和评估，避免被误导或产生偏见。同时，也需要积极寻求多元化的信息来源，了解不同文化的真实面貌。

## 第三节　旅游英语在跨文化交际中的应用

旅游英语在跨文化交际中发挥着至关重要的应用，它是连接不同文化背景游客与目的地之间的桥梁。通过旅游英语，游客能够更顺畅地与当地人交流，了解当地的文化、风俗和习惯，从而更深入地体验并融入目的地的生活。同时，对于目的地来说，掌握旅游英语的本地人或旅游从业人员能够更好地为游客提供服务，传递本地文化的魅力，促进文化的交流与融合。因此，旅游英语不仅是语言沟通的工具，更是推动跨文化交际发展的重要力量。旅游英语在跨文化交际中发挥着重要的作用。它不仅为游客提供了基本的语言沟通工具，还促进了不同文化之间的交流和理解。因此，对于旅游从业人员来说，掌握旅游英语是必备的职业素质之一。

## 一、语言沟通层面的应用

### （一）日常交流

旅游英语在游客的日常生活中发挥着至关重要的作用。游客可以使用旅游英语与导游、酒店员工、出租车司机等当地人员进行基本的沟通，如询问路线、点餐、购物等。这种日常交流不仅解决了语言障碍，还增强了游客的自信心和自主能力。此外，旅游英语还能帮助游客在紧急情况下寻求帮助，如寻求医疗救助、报告失窃等。这种语言沟通能力对于确保游客的安全和顺利旅行至关重要。

### （二）旅游服务

对于旅游行业从业者来说，旅游英语是提供高质量服务的关键。导游需要运用流利的旅游英语为游客提供详尽的景点介绍、历史背景解析和文化特色说明，确保游客能够充分理解和欣赏目的地的独特魅力。酒店员工也需要掌握旅游英语，以便为国际游客提供周到的服务，如办理入住手续、解答游客疑问、提供旅游建议等。这种语言沟通能力能够提升游客的满意度和忠诚度，为酒店赢得良好的口碑。

### （三）商务合作

旅游英语在旅游业的商务合作中也扮演着重要角色。据统计，超过 60% 的旅游企业表示，英语是他们进行国际商务合作的主要语言。旅游企业之间需要进行商务谈判、签订合同、协商合作细节等，这些都需要借助旅游英语进行沟通。旅游英语的应用能够确保双方准确理解对方的意图和需求，促进合作的顺利进行。

## 二、文化交流层面的应用

### （一）文化知识的传递

旅游英语不仅是语言交流的工具，更是文化交流的媒介。通过旅游英语，游客可以深入了解目的地的历史文化、风俗习惯、社会制度等方面的知识。这种文化知识的传递有助于游客更好地理解当地人的生活方式和价值观念，增进对目的地的认识和兴趣。

同时，导游和服务人员也会使用旅游英语向游客介绍本国的文化特色，如传统艺术、民俗活动、节日庆典等。这种文化展示不仅能够让游客感受到不同文化的魅力，还能够促进不同文化之间的交流和融合。

### （二）文化差异的克服

旅游英语的应用有助于克服文化差异带来的障碍。不同的文化背景可能导致游客在旅游过程中遇到一些困惑或误解。通过学习旅游英语，游客可以更加深入地了解当地的文化习惯和价值观念，从而更好地融入当地生活。同时，旅游英语也能够帮助导游和服务人员更好地理解游客的需求和期望，提供更加贴心和周到的服务。这种相互理解和尊重有助于建立更加和谐的旅游环境，促进不同文化之间的和谐共处。

### （三）文化交流的桥梁

旅游英语作为跨文化交流的桥梁，能够促进不同文化之间的交流和融合。通过旅游英语，游客可以与当地人进行深入的交流和互动，分享彼此的文化和生活方式。这种文化交流不仅能够增进相互了解和友谊，还能够促进文化多样性的发展和传承。同时，旅游英语也为不同文化背景下的游客提供了共同的话题和兴趣点，促进了国际友谊与合作。这种文化交流对于推动世界和平与发展具有重要意义。

以中国为例，随着国际游客数量的不断增加，中国各大旅游城市和著名景点纷纷加强了对旅游英语翻译的重视程度。通过出版中英文的旅游介绍和导游手册、在政府网站上提供英文宣传、在景点内设置英文指示牌等措施，大大提高了中国旅游资源的国际知名度。同时，越来越多的中国导游和服务人员也通过学习和使用旅游英语，提高了他们的服务质量和跨文化交流能力。这些努力不仅吸引了更多国际游客来中国旅游，也促进了中国文化在国际上的传播和交流。

## 三、教育与实践相结合

### （一）旅游英语教育

1. 基础教育与进阶课程

旅游英语教育从基础教育开始，为学生打下坚实的语言基础，包括词汇、语法和发音等。随着学习的深入，进阶课程会逐步引入旅游行业的专业术语、场景对话以及跨文化沟通技巧。这些课程旨在培养学生在旅游行业中运用英语进行有效沟通的能力。

2. 文化与语言相结合

在旅游英语教育中，语言与文化是相辅相成的。学生不仅需要掌握语言本身，还需要了解不同国家和地区的文化背景、历史传统和社交礼仪。因此，教育过程中会融入丰富的文化元素，帮助学生建立跨文化意识，提高对不同文化的敏感度和包容性。

3. 教学方法创新

为了提高学生的学习效果和兴趣，旅游英语教育采用多元化的教学方法。通过案例分析、角色扮演、模拟场景等教学方式，学生可以在实践中学习和掌握旅游英语。同时，利用现代科技手段，如在线学习平台、虚拟现实技术等，为学生创造更加真实、生动的学习环境。

4. 师资力量培养

优秀的教师是旅游英语教育的关键。因此，教育机构会加强对旅游英语教师的培养，提高他们的专业素养和教学能力。通过定期的培训、研讨和学术交流，教师可以不断更新知识、提高教学水平，为学生提供更好的教育服务。

### （二）实践与应用

1. 实习实训

为了让学生更好地将所学知识应用于实践，教育机构会为学生提供实习实训机会。这些机会可以是在旅行社、酒店、景区等旅游企业中进行实际工作，也可以是参与国际旅游项目、志愿服务等活动。通过实习实训，学生可以深入了解旅游行业的运作和管理，提升职业技能和跨文化交流能力。

2. 国际交流与合作

加强与国际旅游企业和教育机构的交流与合作是提高学生实践能力的有效途径。通过与国外机构的合作，学生可以有机会到国外实习、交流或参加国际旅游项目。这些经历不仅可以让学生亲身体验不同文化背景下的旅游活动，还可以拓宽他们的国际视野和人际关系网络。

3. 行业认证与培训

鼓励学生参加行业认证考试和培训课程是提高学生职业竞争力的重要手段。这些认证和培训课程可以帮助学生系统地学习旅游英语和行业知识，掌握最新的行业动态和技术趋势。同时，获得行业认证也可以为学生未来的职业发展提供有力支持。

4. 校园活动与社区服务

在校园内和社区中组织各类与旅游英语相关的活动也是提高学生实

践能力的有效途径。这些活动可以包括模拟导游比赛、旅游英语角、旅游文化节等。通过参与这些活动，学生可以锻炼自己的口语表达能力、组织能力和团队协作能力，同时也可以结交到志同道合的朋友。

5. 持续学习与自我提升

旅游英语的学习是一个持续的过程。学生需要不断关注行业动态、学习新知识、提高技能水平。因此，教育机构会鼓励学生树立终身学习的观念，通过参加讲座、研讨会、在线课程等方式不断更新自己的知识体系和能力结构。同时，学生也需要保持积极的心态和持续的努力，不断提高自己的综合素质和竞争力。

# 第三章　旅游英语中的文化元素

旅游英语中的文化元素从多个角度得以体现：在旅游景点，英语解说词和标识融入了当地的历史故事、建筑特色和民俗风情，展现了独特的文化韵味；在旅游宣传材料中，精美的英文文案和图片巧妙地将地域文化、自然景观和人文风情相结合，传达出浓厚的文化氛围；而在旅游对话中，礼貌用语、节日问候以及地道表达则成为传递文化信息、促进文化交流的桥梁，让游客在轻松愉快的交流中深入体验异国文化的魅力。旅游英语中的文化元素从旅游景点、旅游宣传材料到旅游对话等多个角度得到了充分的展现和体现，为游客提供了丰富多彩、充满文化魅力的旅游体验。

## 第一节　旅游景点名称的文化内涵

旅游景点名称不仅是地理位置的标识，更是文化的重要载体。它们承载着丰富的历史信息、地域特色和人文情怀，是旅游英语中不可或缺的文化元素。在探索这些景点名称时，我们不仅能够了解其背后的历史典故和传说故事，还能深入感受当地文化的独特魅力。

### 一、历史与传承

在旅游英语中，旅游景点名称的文化内涵首先体现在其深厚的历史与传承上。这些名称往往承载着丰富的历史信息，是过去时代的印记，通过时间的沉淀，成为今天我们所见的独特文化遗产。

位于意大利的“罗马斗兽场（Colosseum of Rome）”。这个巨大的圆形剧场曾是古罗马帝国时期举办角斗士比赛和野兽表演的场所，其名称中的“Colosseum”一词即来源于古罗马语，意为“巨大的”。这不仅反映了古罗马时期的建筑特色，更让人们感受到那个时代的繁荣与辉煌。

再比如，埃及的“金字塔（Pyramids of Egypt）”也是历史与传承的杰出代表。这些巨大的石质建筑不仅是古埃及文明的象征，更是人类历史上最伟大的建筑奇迹之一。金字塔的名称来源于其独特的形状——四面都是三角形的锥体，其名称中的“Pyramid”一词即来源于古希腊语，意为“锥体”。这个名称不仅让人们联想到金字塔的雄伟壮观，更让人们感受到古埃及文化的神秘与深邃。

而雅典卫城则是古希腊文明的象征，其名称来源于古希腊语“Akropolis”，意为“高城”或“高处的城市”。这个名称不仅体现了雅典卫城地理位置的特殊性（位于城市的高地上），也反映了古希腊人对于神灵的崇拜和敬畏。雅典卫城上矗立着许多神庙和雕塑，这些建筑和艺术品都体现了古希腊文化的独特魅力。

旅游景点名称中的历史与传承是其文化内涵的重要组成部分。这些名称不仅代表着景点的地理位置和自然景观，更承载着丰富的历史信息和文化传承。通过学习和了解这些名称背后的历史故事和文化内涵，我们可以更好地理解和欣赏世界各地的美丽景色和丰富文化。

## 二、地理与特色

在旅游英语中，旅游景点名称的文化内涵也深刻体现在其地理位置和独特特色上。这些名称不仅是对景点所在地理位置的准确描述，更是对景点独特风貌和特色的生动展现。

以智利的“复活节岛（Easter Island）”为例，复活节岛以其独特的巨石雕像和神秘的文明而闻名，名称中的“Easter”则来源于该岛在复活节期间被发现的历史。而尼泊尔的“喜马拉雅山脉（Himalaya Mountains）”则是世界上海拔最高的山脉之一，其名称来源于梵语，意为“雪的居所”，体现了其高海拔，常年积雪的特色，准确地描绘了其高寒、雄伟的自然景观。

同样，美国的“大峡谷（Grand Canyon）”也是一个地理与特色并重的名称。大峡谷位于亚利桑那州，是科罗拉多河经过数百万年冲刷而形成的巨大峡谷。这个名称中的“Grand”一词强调了其宏伟壮观的规模，而“Canyon”则指峡谷这一特殊的地理形态。这一名称不仅准确地描述了景点的地理位置，更生动地展现了其独特的地貌特征和自然景观。

此外，澳大利亚的“悉尼歌剧院（Sydney Opera House）”也是一个地理与特色相结合的典型例子。这座位于悉尼市中心的歌剧院以其独特的帆船造型而闻名于世，成为悉尼乃至澳大利亚的文化象征。这个名称中的“Sydney”指明了其所在的城市，而“Opera House”则直接描述了其作为演艺场所的功能。这一名称不仅让人们知道这座建筑位于悉尼，更让人们感受到其作为文化地标的独特魅力。同为澳大利亚的“大堡礁（Great Barrier Reef）”是世界上最大的珊瑚礁系统，其名称中的“Great”和“Barrier”都突出了其巨大的规模和作为自然屏障的特性。而新西兰的“弗朗茨·约瑟夫冰川（Franz Josef Glacier）”则以其壮观的冰川景观和不断流动的冰舌而闻名，名称中的“Franz Josef”是为了纪念一位奥地利的皇帝，而“Glacier”则直接指明了其冰川的身份。

总的来说，旅游景点名称中的地理与特色是其文化内涵的重要组成部分。这些名称不仅准确描述了景点的地理位置，更生动地展现了其独特的风貌和特色。通过学习和了解这些名称背后的地理知识和特色信息，我们可以更深入地了解和欣赏世界各地的美丽景色和独特文化。

## 三、文化与寓意

在旅游英语中，旅游景点名称的文化内涵还体现在其文化与寓意上。这些名称往往承载着深厚的文化内涵，通过象征、隐喻或直接表达的方式，传达了某种文化理念、价值观或精神追求。

以印度的“泰姬陵（Taj Mahal）”为例，这座白色大理石建筑不仅是印度最著名的古迹之一，也是世界文化遗产。它的名称来源于莫卧儿帝国君主沙贾汗为纪念其心爱的妻子——穆姬兹·玛哈尔（Mumtaz Mahal）而建造的陵墓。其中，“Taj”是“Mumtaz Mahal”的昵称“Taj Mahal”的缩写，这个名称直接体现了其文化寓意——对永恒爱情的追求和纪念。泰姬陵的精美建筑和无尽的爱意，使其成为爱情和忠贞不渝的象征。

另一个例子是法国的“埃菲尔铁塔（Eiffel Tower）”。这座铁塔作为巴黎的标志性建筑，不仅是技术和工程的杰作，更承载着法国的文化和民族精神。它的名称“Eiffel”来源于其设计师古斯塔夫·埃菲尔（Gustave Eiffel）的姓氏，这座铁塔的建造也象征着法国在工业革命和现代化进程中的自豪和力量。它成为法国文化和工业技术的象征，吸引了世界各地的游客前来参观。

再来看英国的“大本钟（Big Ben）”和“伦敦眼（London Eye）”。伦敦的威斯敏斯特宫（Palace of Westminster），又称议会大厦（Houses of Parliament）是英国议会的所在地，位于英国伦敦的中心威斯敏斯特市，它坐落在泰晤士河（River Thames）河畔，而大本钟正是威斯敏斯特宫的报时钟，它的名称直接来源于其巨大的尺寸和钟声的洪亮。这个名称不仅传达了其物理特征，也象征着英国历史的悠久和文化的底蕴。同样位于泰晤士河沿岸的伦敦眼是一座巨大的摩天轮，为游客提供了俯瞰伦敦全景的绝佳视角。它的名称“The London Eye”寓意着这座摩天轮如同城市的眼睛，见证着伦敦的繁华与变迁。

此外，还有许多旅游景点的名称也蕴含着丰富的文化和寓意。比如，美国的“自由女神像（Statue of Liberty）”象征着自由、独立和解放；中国的“长城（The Great Wall）”则代表着中国人民的坚韧和团结；秘鲁的“马丘比丘（Machu Picchu）”是一座神秘的印加古城遗址，其名称寓意“古老的山峰”，反映了其独特的地理位置和历史文化价值。

综上所述，旅游景点名称中的文化与寓意是其文化内涵的重要组成部分。这些名称通过象征、隐喻或直接表达的方式，传达了某种文化理念、价值观或精神追求。通过学习和了解这些名称背后的文化和寓意，我们可以更深入地理解当地的文化和历史，更好地领略世界各地的美丽景色和丰富文化。

## 第二节 旅游宣传材料中的文化因素

在旅游宣传材料中，文化因素扮演着至关重要的角色。这些材料，无论是官方网站、旅游手册、海报还是社交媒体帖子，都是吸引潜在游客、展示目的地独特魅力并激发他们旅游兴趣的关键工具。因此，深入了解并巧妙地融入文化元素，对于提升旅游宣传材料的吸引力和有效性至关重要。

### 一、旅游宣传材料概述

段连城把对外宣传材料分为一般宣传材料和正式宣传材料，前者指对外书刊的一般报道和各地的对外宣传小册等，主要是对外介绍中国的一般情况，包括经济、社会、文化、历史、人民生活、名胜古迹等：后者则指官方文件、高级领导人的正式讲话和著作，以及外交会谈、经贸合同、法律文书和科技交流等[①]。对外宣传材料作为一种特殊的文体，材料涉及的领域很广，包括社会的方方面面。

旅游宣传材料主要是指介绍有关旅游城市的旅游事业和旅游资源为主要内容，以境外人士为宣传对象的旅游文本[②]。其具体形式多种多样，包括图书、画册、明信片、地图、电视、录像片、电影纪录片、报纸、刊物，而且还有各种官方网站以及各地涉外旅游的门户网站等。旅游城市对外宣传材料既能够起到向外国游客宣传旅游城市的作用，又具有将旅游城市向全世界推销的功能。旅游宣传材料的主要功能就是通过对旅

① 段连城．呼吁译界同仁都来关心对外宣传 [J]. 中国翻译，1990（5）：3.

② 吴红星．地区外宣材料翻译问题及对策 [J]. 山西广播电视大学学报，2009(5)：5-9.

游目的地的介绍及宣传，扩大人们的知识视野，激发人们旅游、参观的兴趣。其最终的目的就是通过传递信息，吸引外地游客前来旅游，繁荣当地旅游业，带动当地经济的发展，同时宣传其文化。

## 二、旅游宣传材料文本

Graham M. S. Dann（1996） 在 The Language of Tourism：A Sociolinguistic Perspective 中第一次从社会语言学的角度对旅游文本进行了系统的研究。Graham M. S. Dann 认为，旅游业是一种包括旅游从业者及游客在内的、以营销为目的的产业，所以旅游文本必定有其独特的语篇。旅游文本的形式多种多样，但无论是文字类旅游材料还是视听类旅游材料，其目的都是为了将读者变为消费者。Graham M. S. Dann 定义了旅游文本中以宣传为目的的特殊论域，并分为四类，即三个“R”（Romanticism，Regression，Rebirth）， 三个“H”（Happiness，Hedonism，Helio-centrism）， 三个“F”（Fun，Fantasy，Fairy tales），三个“S”（Sea，Sex，Socialization）。另外，Graham M. S. Dann 将旅游周期划分为前期、进行时、后期三个阶段，使旅游宣传文本的最佳使用及出版周期更加明确，也为后来学者的研究提供了依据[①]。Graham M. S. Dann 的研究成果使学术界开始重视旅游语言的研究，为后来学者对旅游语篇的系统研究做了很好的铺垫。

Erik Castello（2002）从语言学理论出发，应用系统功能的方法，搜集大量素材后自建语料库，基于语料库分析旅游文本。在 Tourism-Information Text: A Corpus-based Study of Four Related Genres 中，Erik Castello 按照传播途径的不同将旅游文本分为四种体裁（旅游宣传册、旅游类杂志、导游词、旅游网站），基于语料库分析了这四类体裁各自在词汇密度和语法复杂性方面的语言特点。Erik Castello 认为，在传播宣

① Graham M. S. Dann. The Language of Tourism：A Sociolinguistic Perspective[M] Wallingford：CAB International，1996.P.31.

传渠道不同的旅游文本中，语言特征的不同是显而易见的，这些差异恰恰为旅游资料的出现和应用提供了良好的依据和环境[①]。Erik Castello 以语料库语言学的方法为旅游文本的结构及语言研究提供了依据。

Gloria Cappelli（2007）在 Sun, Sea, Sex and the Unspoilt Countryside: How the English Language Makes Tourists out of Readers 中调查了英语语言在不同旅游文本体裁中的使用方式。Gloria Cappelli 认为通过对旅游语言的仔细研究，能够分析出旅游文本中的语言内涵及跨文化内容，对旅游者来说大有益处[②]。

## 三、文化因素探究

### （一）文化符号与象征

在旅游宣传材料中，文化符号与象征是塑造目的地形象、传达独特文化氛围的关键元素。这些符号和象征通常承载着丰富的历史、文化和情感价值，能够迅速激发游客的共鸣和兴趣，促使他们深入了解并体验目的地的文化魅力。

首先，文化符号通常是某个地区或国家的标志性事物，它们具有高度的辨识度和代表性。例如，在宣传巴黎时，埃菲尔铁塔、卢浮宫和凯旋门等建筑作为文化符号，能够立刻唤起游客对巴黎浪漫和艺术的联想。同样，在宣传中国时，故宫、长城和天坛等历史建筑则成为代表中国悠久历史和文化的象征。

其次，文化象征则更多地涉及当地的传统文化、风俗习惯和价值观念。它们可能是一种服饰、一种美食、一种艺术形式或者一种节日庆典。

① Erik Castello. Tourism-Information Text：A Corpus-based Study of Four Related Genres[M]. Italy：UNIPRESS，2002.P.56.

② Gloria Cappelli. Sun, Sea, Sex and the Unspoilt Countryside：How the English Language Makes Tourists out of Readers[M]. Italy：Paris Publishing，2007. P.78.

这些文化象征不仅展现了目的地的独特魅力，还能够让游客深入了解当地人民的生活方式和文化价值观。比如，在宣传日本时，和服、寿司和茶道等文化象征成为吸引游客的重要因素，它们不仅代表了日本的传统文化，也体现了日本人民对美和生活的追求。

在旅游宣传材料中，文化符号与象征的运用需要巧妙而精准。一方面，需要选择具有代表性和辨识度的符号和象征，以便让游客能够快速了解和记住目的地；另一方面，也需要根据目标游客群体的文化背景和兴趣点，选择合适的符号和象征，以便更好地吸引他们的注意力和兴趣。

此外，文化符号与象征的展示也需要注重整体性和协调性。在宣传材料中，应该通过图片、文字、视频等多种形式，全方位地展示目的地的文化符号和象征，以便让游客能够全面了解和感受目的地的文化氛围。同时，还需要注意不同符号和象征之间的搭配和呼应，以便让游客能够形成一个完整的文化印象。

总之，文化符号与象征在旅游宣传材料中扮演着重要的角色。通过精心选择和展示这些符号和象征，可以让游客更好地了解和体验目的地的文化魅力，从而增强他们的旅游兴趣和满意度。

### （二）文化故事与传说

在旅游宣传材料中，文化故事与传说以其独特的魅力吸引着游客的注意力，为目的地增添了一层神秘而迷人的色彩。这些故事与传说不仅承载着目的地的历史和文化记忆，还传递着当地人民的智慧、信仰和价值观。

首先，文化故事与传说能够激发游客的好奇心和探索欲望。通过讲述当地的古老传说、神话故事或者民间故事，宣传材料能够营造一个引人入胜的叙事环境，让游客仿佛置身于一个充满奇幻色彩的世界。这些故事中的主人公、情节和场景往往与目的地的自然景观、历史遗迹和人文风情紧密相连，让游客在了解故事的同时，也能更加深入地感受目的地的独特魅力。

其次，文化故事与传说能够增强游客的文化认同感和归属感。通过讲述当地人民的生活习俗、价值观念和信仰体系，宣传材料能够让游客感受到目的地的文化气息和人文关怀。这些故事中的智慧和启示，往往能够引发游客的共鸣和思考，让他们更加珍视和尊重不同文化之间的差异和多样性。

在旅游宣传材料中，文化故事与传说的运用需要注重真实性和可信度。虽然有些故事可能具有一定的虚构性，但宣传材料应该尽量避免夸大其词或虚构事实，以免误导游客或损害目的地的声誉。同时，还需要注重故事的趣味性和可读性，以便让游客能够更加轻松地接受和理解。

为了更好地展示文化故事与传说，宣传材料可以采用多种形式和媒介。例如，可以通过图片、插画和动画等形式，生动形象地呈现故事中的场景和人物；可以通过音频和视频等媒介，让游客在听和看的过程中更加深入地了解故事；还可以通过互动游戏和虚拟现实等技术手段，让游客亲身参与和体验故事中的情节和场景。

文化故事与传说是旅游宣传材料中不可或缺的一部分。通过讲述当地的文化故事和传说，可以让游客更加深入地了解和感受目的地的历史、文化和人文风情，从而增强他们的旅游兴趣和满意度。同时，这些故事与传说也能够为目的地增添一份独特的文化魅力，吸引更多游客前来探访和体验。

### （三）文化体验与互动

在旅游活动中，文化体验与互动是提升游客参与度和满意度的关键因素。通过一系列精心设计的文化体验项目，游客不仅能够深入了解和感受目的地的文化底蕴，还能够亲身参与其中，与当地居民和其他游客共同创造难忘的回忆。

首先，文化体验项目应该紧密结合目的地的历史、文化和传统。无论是参观古老的庙宇、博物馆，还是参与传统的手工艺制作、民俗表演，这些活动都能够让游客近距离地感受到目的地的独特魅力。通过专业的讲解和演示，游客可以更加深入地了解这些文化遗产背后的故事和意义，从而增强他们的文化认同感和归属感。

其次，文化体验项目应该注重互动性和参与性。游客不仅仅是观察者，更是参与者。他们可以通过亲手制作传统工艺品、学习当地的语言、品尝地道的美食等方式，与当地居民进行深入的交流和互动。这种互动不仅能够让游客更加深入地了解当地的文化，还能够增进他们与当地居民之间的友谊和信任。

再次，文化体验项目还可以结合现代科技手段，为游客带来更加丰富多彩的体验。例如，利用虚拟现实技术，游客可以穿越时空，回到古代的历史场景，与古人进行面对面的交流；利用增强现实技术，游客可以在手机上看到景点的历史信息和文化背景，增强他们的游览体验。

最后在设计和实施文化体验项目时，还需要注重游客的安全和舒适度。确保活动场地设施完善、安全无隐患，提供必要的防护措施和紧急救援服务；同时，也要关注游客的体验感受，及时调整和完善活动内容和形式，确保游客能够享受到愉快、舒适的旅游体验。

总之，文化体验与互动是旅游活动中的重要组成部分。通过精心设计的文化体验项目，游客可以深入了解和感受目的地的文化底蕴，与当地居民和其他游客共同创造难忘的回忆。这种体验不仅能够提升游客的参与度和满意度，还能够为目的地带来更加广泛的影响力和吸引力。

### （四）跨文化理解与尊重

在全球化日益加深的今天，旅游活动成为促进跨文化交流与理解的重要桥梁。跨文化理解与尊重在旅游中扮演着至关重要的角色，它不仅能够丰富游客的旅行体验，还能促进不同文化之间的和谐共处与相互学习。

首先，跨文化理解是旅游体验的核心要素之一。当游客踏足一个全新的文化环境时，他们面临着与自身文化截然不同的价值观、习俗和信仰。通过观察和体验，游客开始逐渐理解和接纳这些差异，进而拓宽自己的文化视野。他们可能会发现，尽管存在种种不同，但人类之间的共同点和普遍价值却是不容忽视的。这种跨文化的理解让游客更加珍视文化的多样性，更加尊重不同文化背景下的个体和群体。

其次，尊重是跨文化交流的基础。在旅游活动中，游客与当地居民、其他游客之间的交往需要建立在相互尊重的基础上。尊重意味着对他人文化的认同和包容，意味着在言行举止中考虑到他人的感受和需求。当游客尊重当地的文化习俗和信仰时，他们不仅能够获得更好的旅游体验，还能够促进与当地居民之间的友好关系。同样，当地居民对游客的尊重也是旅游活动成功的重要因素之一。

为了实现跨文化理解与尊重，旅游从业者、当地居民和游客都需要付出努力。旅游从业者应该提供有关目的地文化的详细信息和专业指导，帮助游客更好地理解和适应新的文化环境。他们还可以组织文化交流活动，促进游客与当地居民的互动和沟通。当地居民也应该积极参与到旅游活动中来，向游客展示自己的文化特色和魅力，同时也要尊重游客的文化背景和习惯。游客则需要保持开放的心态，积极学习和体验新的文化，尊重当地的文化习俗和信仰，避免对他人造成不必要的困扰或冒犯。

通过促进不同文化之间的交流与理解，旅游不仅能够丰富游客的旅行体验，还能促进不同文化之间的和谐共处与相互学习。在旅游中，我们应该始终保持开放、包容和尊重的心态，让旅游成为连接不同文化、不同人群的桥梁。

## 第三节　旅游对话中的文化差异与交际策略

在旅游对话中，文化差异往往导致沟通障碍。为了克服这些障碍，游客需要采取合适的交际策略。首先，了解并尊重目的地国家的文化习俗和礼仪至关重要，这可以避免因误解或冒犯当地居民而导致的不愉快。

其次，游客应学习并掌握一些基本的旅游英语用语，以便在需要时与当地人进行顺畅的交流。最后，适应并理解当地的沟通风格，包括语言的直接性或间接性，以及非语言沟通的方式，如手势和面部表情，将有助于建立更好的人际关系，提升旅游体验。

## 一、旅游对话概述

旅游对话，作为旅游学领域的一个重要组成部分，不仅涉及游客与旅游目的地之间的直接交流，还涵盖了旅游服务提供者、政策制定者、当地居民以及学术界等多方利益相关者之间的沟通与互动。在学术研究的视角下，旅游对话不仅是一个简单的交流过程，更是一个复杂的、多维度的、具有深远影响的社会现象。

首先，旅游对话具有多元性。在旅游过程中，游客与导游、酒店员工、当地居民等各方进行频繁的互动，这些互动构成了旅游对话的主要内容。同时，随着社交媒体和在线平台的兴起，旅游对话的形式也日益多样化，包括文字、图片、视频等多种形式。这种多元性使得旅游对话的研究具有丰富性和挑战性。

其次，旅游对话具有动态性。旅游活动本身就是一个动态的过程，游客的需求、兴趣、行为等都会随着时间和环境的变化而发生变化。因此，旅游对话也是一个不断变化的过程，需要各方利益相关者根据实际情况进行灵活调整。这种动态性要求旅游对话的研究需要具备前瞻性和适应性。

再次，旅游对话还具有文化性。旅游活动本身就是一种跨文化的交流过程，游客在旅游过程中会接触到不同的文化元素，与当地居民和其他游客进行文化交流和碰撞。这种文化性使得旅游对话的研究需要关注文化差异、文化认同和文化融合等方面的问题。

最后，旅游对话还具有经济性。旅游业是一个重要的经济产业，对于促进地方经济发展、增加就业机会等方面具有积极作用。旅游对话作为旅游业的重要组成部分，也直接关系到旅游业的经济效益。因此，旅游对话的研究也需要关注其经济效益、产业结构等方面的问题。

综上所述，旅游对话作为一个复杂的社会现象，具有多元性、动态性、文化性和经济性等特点。在学术研究的视角下，我们需要从多个角度对旅游对话进行深入探讨和研究，以更好地理解其内在机制和作用机理，为旅游业的可持续发展提供理论支持和实践指导。

## 二、文化差异：旅游英语对话中的深层内涵

在旅游对话中，文化差异是一个核心且复杂的议题。它不仅仅体现在语言使用的差异上，更深入地渗透到人们的思维方式、价值观念、社会习俗和信仰体系等多个方面。文化差异主要体现在旅游英语对话的以下几个方面。

### （一）语言表达与沟通习惯

不同文化背景下的人们有不同的语言表达习惯和沟通方式。例如，在西方国家，人们倾向于直接、明确的表达方式，而亚洲文化则更注重委婉、含蓄的表达。在旅游英语对话中，游客需要了解并适应这些差异，以避免因误解或不当表达而引起不必要的麻烦。

### （二）社会习俗与礼仪规范

社会习俗和礼仪规范是文化差异的重要体现。不同的国家和地区有不同的社交规则和礼仪要求。例如，在某些文化中，握手是常见的见面礼仪，而在其他文化中，人们可能更倾向于鞠躬或拥抱。在旅游过程中，游客需要尊重并遵守当地的社会习俗和礼仪规范，以展示对当地文化的尊重和理解。

### （三）价值观念与道德观念

价值观念和道德观念是文化差异的核心内容。不同的文化背景下，

人们对善恶、美丑、是非等问题的看法可能存在差异。在旅游英语对话中，游客需要了解并尊重当地的价值观念和道德观念，以避免因文化差异而引发的冲突或误解。例如，在某些文化中，人们可能更注重个人隐私和独立空间，而在其他文化中，人们可能更注重集体主义和亲密关系。

### （四）宗教信仰与神话传说

宗教信仰和神话传说是文化差异的另一个重要方面。不同的国家和地区有不同的宗教信仰和神话传说，这些信仰和传说往往深深地影响着当地人的思维方式和行为模式。在旅游英语对话中，游客需要了解并尊重当地的宗教信仰和神话传说，以避免因无知或冒犯而引起不必要的麻烦。

### （五）历史传统与风俗习惯

历史传统和风俗习惯是文化差异的又一重要体现。不同的国家和地区有不同的历史传统和风俗习惯，这些传统和习惯往往与当地人的生活方式、节庆活动和饮食文化等方面密切相关。在旅游英语对话中，游客需要了解并尊重当地的历史传统和风俗习惯，以更好地融入当地社会并享受旅游的乐趣。

## 三、交际策略：旅游英语对话中的智慧与技巧

对于旅游英语对话，有效的交际策略对于游客与当地人之间的交流至关重要。这些策略不仅有助于避免误解和冲突，还能增强交流的效率和深度。下面是在旅游英语对话中常用的交际策略，以及它们背后的智慧与技巧。

### （一）主动倾听与积极反馈

在旅游英语对话中，主动倾听是建立良好沟通的第一步。游客应该专注于对方的讲话内容，用点头、微笑等方式表示理解和尊重。同时，

积极反馈也是非常重要的，可以通过简单的肯定句或问题来回应对方，表明自己正在积极参与对话。这种策略有助于增强对话的互动性，让对方感受到自己的关注。

### （二）避免直接冲突与寻求共同点

在文化差异的背景下，游客可能会遇到与自己观念或习惯不符的情况。此时，避免直接冲突并寻求共同点是非常重要的。游客可以试图从对方的角度理解问题，用温和的语气表达自己的观点，并寻找双方都能接受的解决方案。这种策略有助于减少误解和冲突，促进和谐交流。

### （三）使用非语言交际手段

除了语言本身，非语言交际手段在旅游英语对话中也起着重要作用。游客可以通过面部表情、肢体语言、手势等方式来传达自己的意图和情感。这些非语言交际手段有助于弥补语言差异带来的障碍，增强交流的直观性和生动性。

### （四）适应与调整

在旅游过程中，游客需要不断适应新的环境和文化。当遇到沟通障碍时，游客应该灵活调整自己的交际策略，尝试使用不同的表达方式或寻找其他沟通渠道。这种适应与调整的能力是有效交际的关键之一。

### （五）尊重与理解

尊重与理解是旅游英语对话中不可或缺的交际策略。游客应该尊重当地人的文化习俗、宗教信仰和个人隐私等，避免冒犯或歧视。同时，游客也应该努力理解当地人的思维方式和价值观念，以便更好地与他们交流和互动。这种尊重与理解的态度有助于建立友好的人际关系，增强旅游体验的乐趣。

### （六）利用技术与工具

在现代社会，技术和工具为旅游英语对话提供了更多便利。游客可以利用翻译软件、在线词典等工具来辅助交流，确保信息传达的准确性。同时，社交媒体和在线旅游社区也是了解当地文化和习俗的重要途径。这些技术和工具的使用有助于游客更好地适应新的环境并享受旅游的乐趣。

### （七）保持耐心与乐观

在旅游英语对话中，保持耐心和乐观是非常重要的。由于文化差异和语言障碍的存在，游客可能会遇到一些困难和挑战。然而，只要保持耐心和乐观的心态，积极寻求解决方案并努力适应新的环境，游客就能够克服这些困难并取得成功的交流体验。

# 第四章　文化差异对旅游英语的影响

不同的地理位置、不同的历史文化、不同的宗教信仰造成了中西方文化的差异。在中国，人们从小就接受集体主义教育，而在西方，人的个性被极大地张扬，人们尊重个人的存在。这是中西方文化差异所导致的。对于中国人来讲非常诗意、浪漫的比喻和形容，在西方人看来往往太过于索然无味。这种文化差异带来的文化碰撞是在所难免的，这也给旅游英语的交流和翻译带来了一些困难。要想解决这一困难，就需要对中西方文化差异有一个基本的了解。[①]

中国人的传统思维讲究天人合一、人法自然、万物皆备于我，所以主体参与意识很强，在语言表达上表现为多以“人”作主语，西方人由于理性的分析而偏重于主客分离和区别所以有时以“人”为主语，有时以客体为主语，视情况需要而定，更多的是抱着客观审视的态度，以事物为主语进行客观、冷静的剖析和描述。我国文学强调心境意绪的传达，喜欢借景抒情、以形写神，而西方偏重客观理性、突出个性，主客观对立。在语言上介绍旅游景点时，中国人大多使用描述性语言，言辞华丽，文笔优美，用词凝练、含蓄，而西方则风格简约、逻辑严谨、用词简洁明白、直观、通俗、易懂。语言中谋篇布局、修辞方法也存在差异。如“大观园，内有个稻花村，”从字面上看是个“村”，但实际上它不是一处村落，却是一座古朴的农舍。因此就不能直译为“Paddy Sweet Village”。中国人喜欢螺旋式的展开方式，先宣称主题之重要，继而进行反复的论述和强调，最后回归到主题；西方人则喜欢直线形逻辑思维，先表达出中心意思，由此展开或层层推演或逐项分列，后面的语句由前面的语句自然引出。例如，中国人习惯上说：我们明天早上去参观长城，7:00在院子门口集合；而西方人的表达是：We will meet at the courtyard

① 屠玉蓉．旅游英语翻译中的修辞和中西方文化差异[J]．长江大学学报（社会科学版），2013（3）：102-103.

gate at 7 o’clock tomorrow morning in order to visit the Great Wall.[①]

## 第一节 习俗与礼仪差异

文化差异在旅游英语中扮演着至关重要的角色，其中习俗与礼仪的差异尤为显著。不同的国家和地区拥有独特的社交习惯和礼仪规范，这些差异直接影响着旅游交流中的语言使用。因此，旅游英语的学习者需要深入了解并尊重这些文化差异，以避免在旅游过程中因不恰当的言行举止而引起不必要的误解或冲突。通过适应并融入当地的习俗与礼仪，旅游者不仅能够更好地与当地人交流，还能深入体验并欣赏不同文化的独特魅力。

### 一、日常交流文化差异

旅游英语的实践中极大地强调了日常生活交际与沟通的重要性。在这一领域中，从业人员必须在旅游度假、酒店接待、景点参观等多种娱乐活动中为国际游客提供周到的英语服务。这些活动不仅仅是服务交付，更是一种文化的面对面接触，其中涉及了中西方文化的碰撞、交流与融合，体现了文化交流的实际操作。然而，在跨文化交流的过程中，如果从业者缺乏对对方文化背景的理解，常常会导致无法准确解读对方的信息，从而产生交流障碍。这些障碍不仅限于简单的误解，还可能引发冲突。为了应对这种文化差异，我们需要详细分析和讨论从业者在日常工作中常遇到的几个具体环节，如接待问候、表达赞扬和感谢、发出邀请参加宴会以及处理消费和支付等情境中的文化交流问题。通过深入探索这些具体情景中的文化差异，可以更好地准备从业者在跨文化背景下进行有效的沟通和服务提供。[②]

① 黄擎．基于中西文化差异的旅游英语实践能力培养[J]．海外英语，2010（2）：86-87

② 方明明．旅游英语交际中的文化差异研究[J]．英语广场（下旬刊），2012（12）：105-107.

### （一）接待问候

欧阳恒伟从称呼、恭维和禁忌语三个方面探讨了跨文化交际中的语用失误，他认为只有深入了解语言的社会和文化背景，才能避免这种失误。无论在东方还是西方，见面时的称呼和问候都是人之常情和基本礼节。称呼是交际的起始，正确使用称呼关系着交际是否能顺利展开。称呼用语不仅仅是对对方的称呼，还反映了交际双方的社会地位、亲疏程度，并能推测出双方的感情和态度。

在中国，这个礼仪之邦，称呼讲究辈分、谦卑、人情和关系。初次见面时，常用尊敬谦卑的称呼来拉近双方的关系，如“大哥”、“叔叔”、“大爷”等。而在以英语国家为代表的西方社会，则更加注重个体的存在和价值，一般按亲疏关系称呼对方为“Mr.（Miss）”或直呼其名。两个中国人初次相见时，喊一声“大哥”或叫一声“大爷”，显得非常亲切，瞬间拉近了距离。然而，如果一个中国人到外国人家做客，一见面就说，“I’m glad to see you, grandpa.”，外国朋友可能会一脸茫然，不知所措。在这种情况下，美国人常常直呼对方名字，说一声“Hi!”或“Hello!”，这反映了他们的热情随和和不拘礼节。

中国人热情好客，熟人见面时常问“吃了没有啊？”，这只是为了拉近距离，一种体现关系的客套寒暄。但是，如果对美国朋友说“Have you had your lunch?”，他可能会激动地握着你的手说“Wow, it’s great!”因为他会以为你要请他吃饭了，当然会开心。此外，中国人道别时常会说“慢走，路上小心”“再玩一会啊”等词语来表达他们的关切和好客之情；但在西方人听来，这显得多此一举，甚至有点困惑。他们一般只说“See you”或“Good-bye”就能表达意思，无须多言。

### （二）赞扬感谢

语言是文化的窗口，展现着一个国家和民族的历史内涵和文化传承。通过一个民族的语言，人们可以了解到该民族的风俗习惯、生活方式和思维特点等人文特征。中国人通常含蓄谦恭，不轻易表露喜怒哀乐；而西方人则直白率真，常常喜形于色，这些特点首先通过语言表现出来。例如，当你到美国朋友家做客，赞扬女主人的烹调技术时，她会很高兴地回应："I' m glad you like it."，客人也会对此感到满意。而中国人则不同，他们通常会谦虚地说："没什么吃的，家常便饭而已。"这可能会让西方客人感到困惑，心想："明明是一大桌美味佳肴，怎么说不好呢？"这种差异反映了美国文化对个人价值的认可和自豪感，以及中国文化的温良恭俭让。

在英美国家，人们"谢"不离口。"Thank you!"常被翻译成"谢谢"，但两者的使用情境有所不同，表达的意思也大相径庭。在商店、宾馆、饭店等服务行业，中国人通常对服务员说"谢谢"；而西方人则说"Thank you!"来感谢顾客的光临，常用"很高兴能够为您服务"来体现他们的真诚。在旅游交往中，西方人士频繁使用"感谢语"，代表着礼貌和尊重。他们不仅对上司、同事和陌生人的帮助表示感谢，而且在亲戚、朋友之间，甚至在夫妻、父母及孩子之间也要表示感谢。而中国人则认为越是关系亲近的人之间，越是不需要说"谢谢"，如果说了反而会被认为是关系疏远的表现。此外，在旅游英语用语中，"Please"也非常常见。我们常认为汉语中的"请"相当于英语中的"Please"，但在某些场合却不用"Please"。例如，让别人先进门或先上车时，英语中一般说"After you."或者"Ladies first."，而不说"Please."这种语言差异也反映了中西文化的不同特点和礼仪习惯。

### （三）邀约赴宴

旅游不仅仅是游山玩水，品尝各地的美味也是不可或缺的一部分。然而，不同地域和文化背景造就了各自独特的饮食观念和习俗，最终形成了不同的饮食文化。中西方文化的差异自然体现在饮食文化上，并赋予了宴请各自丰富的内涵。中国有着丰富多彩、博大精深的饮食文化，素有“民以食为天”之说。《舌尖上的中国》更是道尽了中华美食的恒久魅力和独特的味觉审美。中餐讲究“色、香、味、型”俱全，以食物表达情感和意义。即使是普通的宴请，也少不了几菜几汤、冷碟热炒，品种繁多的美味菜肴让人眼花缭乱，直到客人吃得尽兴，才显得主人热情好客的一片心意。

相比之下，英美国家的饮食习惯则相对简单。除了圣诞节、感恩节等重大节日会准备丰盛的家宴外，平时的宴请多为简单的西餐或自助餐形式，边吃边聊。英美人不重视食物的花样，在他们看来，请客吃饭是真心实意地邀请你，尤其是家宴，表明他们把你当作自己人，足以体现主人的热情；而食物花样不多，说明他们更重视交际，而非食物本身。此外，西方人一般认为一次摄入过多的脂肪和蛋白质对健康不利。所以，无论是邀请英美人士还是被邀请，都无须为食物的丰盛与否过分担心，干净卫生、有特色就可以了。

中西方朋友之间的请客表达方式也有所不同。中国人朋友间相谈甚欢时，常会说：“哪天有空的话，我请你吃饭。”这通常是一种礼节性的客气应酬，没人会当真。而对美国朋友说：“If you were free, it would be my pleasure to take you out to dinner.”他们可能会毫不客气地回答：“I’ m free tonight.”接下来你可能会陷入措手不及的尴尬。

### （四）消费支付

消费是人类生存的基本需求，不仅受消费者个体主观经济和意愿的制约，还与社会背景下公众的喜好和社会价值取向密切相关。消费行为不仅是一种生存习惯的延续，更是一种不断满足欲望的探索。因此，各种消费行为都带有文化的烙印，传统的审美观、价值观、社会的道德准则、个人的生活信念、思维方式和风俗习惯等文化因素在不同程度上影响着人们的消费观念和行为。购物消费是旅游中不可或缺的一部分，由于文化背景的不同，人们的消费观念和消费行为也会表现出显著差异。中国人注重“精打细算”，讲求细水长流，年年有余。一般家庭都会有计划地安排消费，奉行“量入为出”的消费准则，很少“寅吃卯粮”，更忌讳举债度日。因此，他们宁可委曲求全，年复一年地节衣缩食，从而压抑了很多生活欲望，放弃了许多生活乐趣。相反，西方人以自我为中心，消费一般从满足自身需要出发，追求舒适方便，认为生活应当及时享受、多姿多彩。因此，他们更重视当下的消费和享受，不太注重长期的节俭。此外，在西方国家，人们外出一般都会准备零钱，不论是乘车坐船、喝茶吃饭，还是逛街购物，都要额外支付“小费”，这已成为西方社会的普遍习惯。小费（tip）一词源于 16 世纪，当时英国小酒馆的每张桌子上都写有“To Insure Promptitude”（确保快捷）的短语，鼓励客人支付小费以获得更好的服务。与之相对，中国在酒店、戏院等场合也有“打赏”或者“赏钱”的习惯，但二者的含义有所不同。中国的“打赏”更多是一种对表演或服务的额外奖励，而西方的小费则是服务行业中约定俗成的一部分，体现了对服务劳动的认可和尊重。

在西方国家，人们将小费视为对服务质量的评价，认为小费既是对优质服务的回报，又能减轻不平等地位的不适感。服务得越好，得到的小费就越多。如果在一家餐厅用餐，没有支付至少 15% 的小费，客人可能会受到侍者的冷眼，甚至可能挨骂。同样，中国在酒店、戏院等场合也有“打赏”或“赏钱”的传统，但其含义有所不同。“打赏”和“赏钱”是过去中国上层社会有钱人为了体现身份和地位，高兴之余给予地位低下者的一种特别奖励，收受之间是一种不平等的关系，带有尊卑贵贱之分。如今，随着中国经济的发展，人们的消费观念也在不断变化。中国人开始慢慢接受“小费”这一概念，将其视为对服务的认可和赞赏，显示出自信、优越和大方的格调。这种转变反映了现代中国人更加开放和国际化的消费观念，也体现了对服务质量的重视和尊重。

## 二、习俗礼仪文化差异

### （一）历史文化

历史文化是在漫长的历史发展过程中积淀下来的，或是作为社会遗产沉淀形成的文化。不同的历史文化和地域自然环境塑造了生活在特定区域人们的思维方式和生活方式。中华文化有着悠久的历史和深厚的文化底蕴，而西方文化也有着自己独特的鲜明特点。同一词在中西文化中可能有不同的褒贬义、联想义及象征义。例如，“喜鹊”在汉语中象征喜事临门，是报春的吉祥鸟，而在英语中则指不聪明的人或话匣子，形容叽叽喳喳的人。再如，“狗”在汉语中通常带有贬义，而在英语中则多为褒义，表示可爱的宠物或忠实的朋友。类似的，“龙”在中国文化中是权力和吉祥的象征，而在西方文化中却被视为凶狠的恶魔。这种文化差异还表现在用不同的事物表达相同的语用意义上。例如，在中国人的心目中，兽中之王是虎，而在西方则是狮子；富贵牡丹是中国人眼中的花魁，而浪漫玫瑰则是西方的代表。

### （二）民风民俗

由于文化渊源的不同，词汇所承载的民族文化内涵也必然存在差异。中西方民风习俗的差异，常常导致词汇空缺和翻译困难，这是合理的现象。为了促进交流顺畅，加强不同民族间的沟通，译者通常会附加必要的注释来处理译文中的文化转换。例如，为了纪念伟大的爱国诗人屈原，中国人在农历五月初五赛龙舟，吃粽子。然而，“端午节”在汉语中特有的词汇，在英语中没有对应的词语。如果我们想让外国人理解和感受到端午节的文化内涵和情感，就必须加上必要的说明和解释。同样，“春节”在西方文化中没有包饺子、贴春联、放鞭炮、拜年给红包等信息，所以外国人通常会简单地认为“Spring Festival”只是一个春天的节日，是中国人一年中最隆重的传统节日。类似地，西方的传统节日，如感恩节、复活节、圣诞节，西方人也有自己独特的庆祝方式和民俗活动。

在民族风俗习惯的影响下，词语的表层指称意义与深层言内意义不一致。例如，在英国人的印象中，“西风”象征着春天的到来，有“西风报春”之说；而中国诗句中的“古道西风瘦马”则传达出一种苍凉之感。汉语中的“东风”象征“春天，温暖”，表示万物复苏、大地回暖；而在英国，“东风”是从欧洲大陆北部吹来的，寒冷凛冽，给人萧条凄冷之感。

### （三）思维心理

中西方文化在思维方式和心理特征上存在显著差异。中国人注重整体感观，直觉思维占主导地位；而西方人则强调逻辑思维，严谨缜密，理性心理占主要成分。例如，汉语旅游文篇通常从不同角度广泛描写，言辞华丽文笔优美，主观感受强烈，最后归纳总结出段落的重点，呈现出螺旋上升式的结构。而英语旅游景点介绍则注重客观写实，语言简约流畅，段落开头通常有一个传递信息的主题句，简明扼要地告诉读者段落的主线和范围，便于理解和接受，呈现出直线式的结构。

在句式方面，汉语无论修饰语长短、繁简，都放在中心语前；而西方语言则喜欢将介词短语、动词不定式、分词、定语从句等修饰语放在中心语后面，使句子结构更加严密。这种差异在待人接物上也有所体现。中国人强调谦虚和褒扬，受儒家思想影响深远，产生了许多敬辞与谦辞，如“恭候”、“令尊”、“贵国”、“拙作”、“高见”等。对应的英语表达，如“to await respectfully”、“your father”、“your country”、“my（poor）writing”等，并不能完全等效地翻译这些敬辞。因此，译者需要熟悉西方人的思维习惯和心理特征，树立跨文化交际意识，使译文符合目标语言的思维和表达方式，让读者能够准确理解。这种思维心理的差异不仅在语言结构上有所体现，还在文化表达上有所影响。例如，中国人在描述景点时，往往注重个人的主观感受和情感体验，用丰富的修饰语和形象的比喻来描绘景色；而西方人在介绍景点时，更倾向于提供具体的事实和数据，强调景点的历史背景和客观特点。

### （四）语言特征

语言是文化的重要组成部分，也是文化的载体。汉英旅游文体独特的语言风格是不同文化背景发展的结果，形成了中西方读者各自喜闻乐见的形式。英语和汉语都是世界上发展非常成熟的语种，英汉互译有相当的难度，这一点尤其体现在词汇选择和句式运用上。例如，“精品游览线”中的“精品”不应简单地译成“essence”，因为这里的“精品”应理解为“精选”而非“精华、精粹”，所以最好译成“choice”或“well-selected”。再如，小吃“藕粉”不应译成“lotus root starch”，因为这会让西方游客联想到吃多淀粉食物带来的肥胖问题，应该译成“lotus root paste, powder”或“pudding”，这样更容易让外国游客理解和接受。

中国古典文学一贯强调神韵、格调以及心境意绪的传达，喜欢借景抒情，主观色彩浓厚。在语言上注重意合，形式零散，语法隐性。汉语讲究中庸，推崇“不偏不倚”，喜欢大量使用四字成语，比如“莺歌燕舞”、“雕梁画栋”、“桨声灯影”等。在介绍旅游景点时，大多使用描述性语言，托物言志，倾向于神似，语篇优美华丽，用词凝练含蓄，行文工整，声律对仗，达到音、形、意皆美的效果。相比之下，西方传统哲学强调分析型的抽象理性思维，英语重形式、重写实、重理性，其句式框架严整，表达思维缜密，用词强调简洁自然，行文注重逻辑理性，描述突出直观可感。在主观与客观的物象关系上，更多地强调摹仿和再现。这种语言特征的差异不仅反映了中西方文化的不同，也对翻译提出了挑战。译者在翻译时需要深入理解两种语言的特点，选择适当的词汇和句式，以确保译文既能准确传达原文的意义，又符合目标语言的表达习惯[①]。例如，在介绍旅游景点时，汉语译文可以保留其优美的描述性语言，而英语译文则应简洁明了，强调逻辑性和可读性。

## 第二节 价值观差异

广义文化差异中更为重要的部分体现在价值观与信仰差异方面。不同国家和地区的游客往往带着各自独特的价值观和信仰体系进行旅行，这直接影响了他们在旅游过程中的沟通、行为以及期望。例如，一些文化强调个人主义和独立性，而另一些则注重集体主义和家庭纽带。这种差异在旅游英语交流中可能导致误解或不适，因为游客可能按照自己的价值观去解读和期待旅游服务。因此，了解并尊重这些差异对于提供高质量的旅游英语服务至关重要，它不仅能促进游客与目的地居民之间的和谐交流，还能加深游客对目的地文化的理解和尊重。

不同的价值观塑造了各地独特的社交习俗、行为规范和对服务期望的不同认知。在旅游英语交流中，这种差异可能导致误解或冲突。例如，一些文化可能更强调个人主义和直接表达，而另一些则倾向于集体主义和间接沟通。在旅游服务中，这可能会反映在服务语言的选择、语气以及解决问题的方式上。因此，了解并尊重这些差异对于提供跨文化旅游服务至关重要，以确保游客获得愉快和满意的体验。

### 一、伦理价值的差异

中西方有着各自独特的伦理价值观念。受中国古代儒家思想的影响，集体主义在中国文化中受到重视，成为做一切事情的前提。近代的孙中山提出的民权观念也反映了儒家文化的深刻影响。他认为，个人不应该拥有过多的自由，国家应拥有完全的自由，只有国家完全自由了，国家才能够兴盛。相对而言，西方国家的价值观则强调个人自由的发展和保

① 范施懿．旅游宣传资料英译中的文化差异阐释[J]. 理论观察，2012（2）：60-61.

障，个人自由在西方伦理体系中占据重要地位。

## 二、思维模式的差异

在中西方文化中，思维模式的差异也十分明显。中国人往往比较含蓄，讲究人与自然的和谐统一。例如，当描述一幅画面时，中国人脑海中先有整体的画面，然后将其形象地描述出来，不断赋予其更深刻的内涵，引发人们的想象力。西方人则更加注重客观性和连贯性，以更理性的方式表达情感。

中国人在描述事物时，通常从大到小、从整体到个体、从大范围到小范围、从重要到次要。例如，“北京是中国最古老的城市之一”的英语译文是：“Beijing is one of the oldest cities in China.”可以看出，汉语遵循从大范围到小范围的顺序进行描述，而英语则遵循从小范围到大范围的顺序进行描述。

## 三、审美观念的差异

中西方的审美观念受到自然环境、政治、宗教等诸多因素的影响，因而存在很大的差异。非常吸引中国人的事物不见得会对西方人产生同样的影响力。例如，中国人常常运用比喻等修辞手法来美化描述对象，增加其美感和浪漫气息。然而，这在西方人看来可能显得啰唆和冗杂。比如，导游在介绍旅游景点时，可能会用“行云伴流水，悠然入佳境”来描绘景色，中国游客可能会深深融入山清水秀、清新怡人的画面中，感觉达到了“天人合一”、人与自然和谐相处的境界。但西方游客可能仅仅会看到一片安静而优美的风景。

## 四、文化空缺导致的差异

端午节、春节、中秋节等传统节日是中国特有的，在翻译成英语时，通常按字面意思直接翻译，例如春节被译为“Spring Festival”。这种翻译方式仅仅是传达了节日的名称，并没有反映出节日所包含的丰富文化信息，导致外国游客无法准确理解这些节日背后的历史文化。例如，“Spring Festival”并不能让西方游客联想到包饺子、贴春联、放鞭炮等习俗，进而造成理解上的偏差。

不同文化之间既有共通性也有差异性。为了准确传达我国的历史文化信息，旅游英语翻译需要将具体的社会环境、风俗习惯和宗教信仰等文化元素有机结合起来。例如，在翻译春节时，可以补充说明其习俗和文化背景，让外国游客不仅了解节日名称，还能感受到其文化内涵和独特魅力。①

## 第三节　应对文化差异的策略与建议

在应对文化差异对旅游英语的影响时，策略与建议主要包括增强文化敏感性，通过学习和研究目的地国家的宗教、历史、艺术和社会习俗，以更加尊重和包容的态度与当地人交流。同时，灵活使用旅游英语，避免使用可能引起误解或冒犯的词汇和表达方式，确保信息的准确传达。此外，建议游客在出行前做好充分的准备，包括了解目的地的文化背景和当地人的社交礼仪，以便在旅行中更好地融入当地文化，享受愉快的旅游体验。

### 一、应对策略

#### （一）增强文化敏感性

我们需要增强自身的文化敏感性。这意味着我们需要意识到不同文化之间的差异，并尊重这些差异。在旅游英语交流中，我们应该避免以

① 屠玉蓉 . 旅游英语翻译中的修辞和中西方文化差异 [J]. 长江大学学报（社会科学版），2013（3）：102-103.

自己的文化标准去评判其他文化，而是应该以一种开放、包容的心态去理解和接纳不同的文化习俗和信仰。

### （二）深入学习和研究

我们应该深入学习和研究旅游目的地的文化背景。这包括了解当地的历史、宗教、艺术、社会习俗等方面。通过学习，我们可以更好地理解当地人的思维方式、价值观念和行为模式，从而更好地与当地人进行交流。

### （三）灵活使用旅游英语

在旅游英语交流中，我们应该灵活使用语言，避免使用可能引起误解或冒犯的词汇和表达方式。我们应该注意当地人的语言习惯和表达方式，并尽量使用当地人的语言风格和语调来与他们交流。同时，我们也应该避免在公共场合讨论可能引起争议的话题，以免引起不必要的冲突。

### （四）尊重当地习俗和信仰

在旅游过程中，我们应该尊重当地人的习俗和信仰。例如，在参观宗教场所时，我们应该遵守当地的宗教礼仪和规定；在用餐时，我们应该尊重当地人的饮食习惯和禁忌；在与当地人交流时，我们应该避免使用可能引起冒犯的语言或行为。

## 二、实用建议

### （一）做好出行前的准备

在出行前，我们应该做好充分的准备。这包括了解目的地的文化背景、社会习俗、宗教信仰等方面的信息，并准备好相应的旅游英语表达。

此外，我们还可以通过阅读相关的旅游指南或向旅游机构咨询来获取更多有用的信息。

### （二）与当地人积极交流

在旅游过程中，我们应该积极与当地人交流并倾听他们的观点。通过交流，我们可以更深入地了解当地的文化和习俗，并更好地融入当地社会。同时，我们也应该尊重当地人的观点和意见，避免与他们产生争执或冲突。

### （三）保持开放和尊重的态度

在整个旅游过程中，我们都应该保持一种开放和尊重的态度。我们应该尊重当地人的文化、习俗和信仰，并尽量避免对他们产生偏见或歧视。同时，我们也应该以一种积极的态度去体验当地的文化和生活方式，享受旅游带来的乐趣和收获。

# 第五章　旅游英语文化翻译的基本原则

旅游英语文化翻译的基本原则，是确保游客在跨文化旅行中能够准确、流畅地理解和体验目的地文化的关键。在这一章中，我们将介绍翻译学的基础知识并深入探讨三个基本原则：准确性原则，以确保翻译信息的准确无误；流畅性原则，使翻译文本在目标语言中自然流畅，易于理解；以及文化对等原则，旨在实现源语言与目标语言在文化内涵上的等价转换。这些原则将为旅游英语文化翻译提供坚实的理论支持和实践指导，帮助译者更好地传递旅游信息，促进不同文化之间的交流与理解。

## 第一节　翻译基础知识

翻译学，作为一门专门研究翻译的学科，旨在探讨翻译的本质、过程、方法及其与语言、文化、社会等多方面的关系。在旅游英语的背景下，翻译学的概念和理论框架显得尤为重要，因为它们为旅游英语的翻译提供了理论基础和实践指导。

翻译的覆盖面非常广泛，是一门极为复杂的科学，而且翻译与其他学科有着紧密的关系，如文体学、文化学、心理学等。要想翻译得准确，译者不仅需要具备高超的语言功底，还需要经过反复的训练，做到理论与实践的结合。本节首先对翻译的基础知识展开分析，包含翻译的界定、翻译的分类与过程、中西翻译理论研究、翻译对译者的素质要求四个方面。

### 一、翻译的界定

翻译的概念是翻译理论的基础与原点。翻译理论的很多流派都对翻译进行过界定。人们的翻译活动已经有 2000 多年的历史了，且对翻译概念的认知也在不断发生改变。学者威尔斯说：“一部翻译史事实上就是对

‘翻译’这个词的多义性进行的论战。”[①] 从威尔斯的论述中可知，对翻译的理解需要从多个层面进行考量。

### （一）翻译的任务

在翻译学的讨论中，“意义”一词经常被提及，并且被认为是翻译活动的核心要素。翻译的过程可以视为对源文本中“意义”的转换和再现。这种对“意义”的关注，比起费奥多罗夫所描述的“所表达出的东西”，显示出更高的术语性和精确度，因此被视为翻译理论发展中的一项重要进展。然而，使用“意义”这一概念来定义翻译时，也可能导致理解上的偏差。这种偏差主要来源于一些人对“意义”的理解过程中，受到结构主义语言学的影响，而这种学派往往倾向于认为语言具有固定和明确的意义。这种观点在某种程度上简化了语言的复杂性，忽视了语言意义的流动性和多样性。实际上，语言的意义是极其复杂的，它不仅受到语言结构的约束，还受到语境、文化背景和使用者的主观体验等多种因素的影响。

著名语言学家利奇指出意义具有七大类型，同时指出：“我不希望给人留下这样的印象，即这些就是所有意义的类型能够将所传递的一切意义都表达出来。”[②] 利奇还使用“sense”来表达狭义层面的意义，而将包含七大意义在内的广义层面的意义称为“交际价值”，其对于人们认知翻译十分重要。换句话说，源语文本中的这种广义层面的意义实际上指代的都是不同的价值，将这些价值结合起来就是所谓的总体价值。很多学者指出，如果不将原作的细节考虑进去，就无法来谈论原作的整体层面。但是需要指出的是，原作的整体不是细节的简单叠加，因此从整体

① 威尔斯．翻译学——问题与方法 [M]. 祝珏，周智谟，译．北京：中国对外翻译出版社，1988：19.

② 利奇．语义学 [M]. 李瑞华，王彤福，杨自俭，等译．上海：上海外语教育出版社，1987：29.

上对原作进行考量并分析翻译的概念是十分必要的。王宏印在对翻译进行界定时指出："翻译的客体是文本，并指出文本是语言活动的完整作品，其是稳定、独立的客观实体。"① 但是，原作文本作为一个整体如何成为译本呢？作者认为，美学中的"再现"恰好能解释这一过程。

在美学中，再现是对模仿的一种超越。在模仿说中，艺术家的地位是无足轻重的，他们不过是在现实之后的一种奴仆，他们的角色如镜子一样，仅仅是对现实的一种被动的记录，自己却没有得到任何东西。换句话说，在模仿说中，艺术品、艺术表现力同样也不重要，因为要对艺术品进行评论，最终都是要看其与真实事物是否相像。实际上，模仿说并未真实地反映出艺术创作的情况，很多人认为模仿的过程是被动的，但是在这种看似被动的情况下，也包含了很多表现行为与艺术创造力，其中就包括艺术家的个人体验与个人风格。同样，即便是那些不涉及艺术性的信息类文本，其翻译活动也不是模仿，而是译者进行创造的过程；对于那些富含艺术性的文本，模仿说更是无稽之谈了。最终，模仿必然会被再现替代。

用"再现"这一术语对翻译概念进行说明，可以明确地展现翻译的创造性，可以将译作的非依附性清楚地表现出来。因为再现与被再现事物本身并不等同，而是一个创造性的艺术表现形式，同时再现可以实现译作替代原作的功能。

### （二）翻译的维度

翻译的理论研究涉及多个维度和视角，其中各种学派对翻译的内涵提出了不同的解释和定义。尽管这些定义多样，但它们都试图从不同的学科角度解答翻译的本质和过程。

从语言学的视角出发，俄罗斯学者费奥多罗夫提出了一种传统的定义，认为翻译是使用目标语言的多种手段来表达源语言的内容和形

① 王宏印．英汉翻译综合教程[M]. 大连：辽宁师范大学出版社，2002：54.

式上不可分割的统一体的过程。这种定义强调了语言转换的准确性和完整性[①]。

英国学者卡特福德则从普通语言学理论的角度，将翻译定义为一个将源语文本材料替换成等值的译语文本材料的过程。这种定义强调了语言之间的等效替换[②]。

纽马克的观点则更为简洁，他认为翻译是将一个语言或语言单位转换成另一种语言的过程，涵盖了整个文本或其部分[③]。

美国学者奈达与泰伯则进一步强调了目标语与源语之间的等值性，认为翻译的核心是创造一个在意义上尽可能接近源语的文本，同时也考虑到风格的转换[④]。

这些通论式的翻译概念有助于我们从宏观角度理解翻译的多维性和复杂性。然而，这些观点主要集中于语言学的角度，而在现代翻译实践中，文化因素的作用同样重要。真正的翻译不仅是语言的转换，还涉及文化的传递和适应，这要求翻译者在语言转换的同时，也必须理解并传达两种文化之间的差异和联系。

许钧指出："从语言学角度对翻译进行界定是将翻译活动限于语言转换层面，这样会不利于理解翻译的广义内涵，且容易忽视语际翻译的全过程及翻译中所承载的文化。"[⑤]

科米萨罗夫就指出："翻译过程不是仅仅将一种语言替换成另外一种语言，其是不同个性、文化、思维等的碰撞。"[⑥] 同时，科米萨罗夫还专

① 杨仕章．翻译界说新探 [J]. 外语教学，2015（6）：101.

② 杨仕章．翻译界说新探 [J]. 外语教学，2015（6）：101.

③ NEWMARK P. About translation[M]. Beijing：Foreign Language Teaching and Research Press，2006：27.

④ NEWMARK P. About translation[M]. Beijing：Foreign Language Teaching and Research Press，2006：27.

⑤ 许钧．翻译概论 [M]. 北京：外语教学与研究出版社，2009：29.

⑥ 杨仕章．翻译界说新探 [J]. 外语教学，2015（6）：101.

门对翻译学中的社会学、文化学问题进行了研究。即便如此，他们下的定义还未能明确文化这一维度。

俄罗斯学者什维策尔强调翻译过程不仅涉及语言的转换，还涉及文化和交际情境的变换，从而强调了翻译的复杂性和多维性。

什维策尔将翻译定义为一个单向的、分两个阶段的过程。首先是对源语文本进行深入分析，其次是创作出译语文本，以此来替代原文。这个过程不仅仅是语言的简单转换，而是一个涉及语言、文化和交际情境差异的综合体现，体现了翻译作为一种跨文化交际的实践。他进一步指出，翻译的目的可能会因为语言、文化和交际情境的不同而发生变化，这强调了翻译过程中的动态性和适应性。

许钧教授则从更广的角度划分翻译的特征，他认为翻译具有符号转换性、社会性、创造性、文化性和历史性五大特征。基于这些特征，他定义翻译为一个通过符号转换手段，以意义再生为任务的跨文化交际活动[①]。这一定义不仅包括了语言的转换，还强调了翻译活动在社会和文化层面上的作用和重要性，突出了翻译在不同文化和历史背景中的创造性和适应性。

显然，当前的翻译已经从语言维度逐渐过渡到语言—文化维度。

### （三）翻译的传播

在翻译学界中，翻译的定义越来越倾向于强调其文化性，这一变化无疑是理论发展中的重要进步。通过识别翻译作为一种跨文化交际活动，学者们能更深入地探讨翻译在不同文化之间的互动与影响。然而，翻译的性质是否属于交流还是传播，这在学术上有不同的解释和立场。

普罗瑟的观点提供了对这一问题的有力阐释。他区分了跨文化交流与跨文化传播的概念：前者需要双向互动，而后者则是单向的。翻译活动，由于其本质上通常是单向的，从源语文化向译语文化传递信息，因

① 许钧．翻译概论[M]．北京：外语教学与研究出版社，2009：29.

此更贴切地被定义为一种跨文化传播活动[①]。这种理解强调了翻译在文化之间传递信息和意义的角色，而非仅仅是语言间的互动。

从文化特征的角度看，翻译不仅仅是语言的简单转换，更是一种文化移植的过程。文化移植包括文化元素的引入和移出，涉及从一个文化环境到另一个文化环境的转移。这个过程往往是不对称的，因为源语文化和译语文化之间存在差异，导致同一文化元素在转移过程中可能需要采用不同的翻译策略。这种文化的不对称性进一步强化了翻译作为单向传播活动的性质。

## 二、翻译的分类

依据不同的标准，翻译有着不同的种类。以下就从不同的标准出发，来分析翻译的具体类型。

### （一）根据作品种类分类

根据翻译作品的种类，翻译可以划分为五大类。

（1）全译，即逐词逐句对原作进行翻译，是最常见的翻译种类。

（2）摘译，即从出版部分、编辑人员、读者的要求出发，对原作的一部分进行翻译，其往往在一些报刊中比较适用。

（3）参译，即参考翻译，是一种自由的、特殊的翻译品种，它既可以是全译，也可以是摘译或者编译。

（4）编译，即对一篇原文或者几篇原文的内容进行串联的翻译，是一种特殊的翻译形式，其不仅可以将原作松散的内容进行整合，还可以将多篇原作内容进行串联，对译文进行丰富。

（5）写译，即译者将翻译作为主体的写作，是一种比编译更为宽松、自由的翻译形式。

① 普罗瑟．文化对话：跨文化传播导论 [M]. 何道宽，译．北京：北京大学出版社，2013：3.

### （二）根据原作种类分类

根据翻译原作种类，可以将翻译划分为如下三种。

（1）一般语言材料翻译，即日常使用的语言，其包含一般报刊翻译与各类应用文翻译。这类翻译往往包含四个特点。

其一，杂，即内容上包罗万象，不仅有趣味新闻，还有科普类文章，更有生活常识类文章等。

其二，浅，即语言上比较容易理解，既不像文学作品那么深奥，也不像专业翻译那么专业化。

其三，活，即与一般科技类文章相比，行文上比较活泼。

其四，新，即语言上比较现代化，添加了很多新词、新语。

因此，在翻译此类文本时，译者需要对“忠顺”的矛盾加以灵活处理，采用一切方法，对译文进行加工与修饰，从而使行文更加传神与活泼。

（2）文学翻译，与一般语言材料翻译相比，文学翻译较为困难，这是因为 其具有如下几个特点。

其一，长，即跨度时间都比较长，因此要求译者具有扎实的基本功。

其二，突，即翻译时要突显“忠顺”。

其三，高，即要求译者具有较高的译语基本功，尤其是在对世界名著展开翻译时，要求的译语基本功更高。

其四，雅，即要求翻译时要雅，具有文学味道与作品气质。

其五，创，即要求翻译时译者要发挥自身的创造性，这一点要比其他两种翻译要求更多，因为文学翻译对传神达意的要求更高。

因此，在进行文学翻译时，译者需要对“忠顺”的矛盾进行灵活把握，在解决二者的矛盾时考虑原作的特色、译作的目的以及译作的环境。

（3）专业翻译，即包含科技资料、商务信函、军事著作等在内的各种文本的翻译，这里仅就科技翻译来说明其特点。

其一，专业，即涉及大量的专业词汇与表达。

其二，重大，即具有重大的责任，因为如果其误译的话，可能会造成严重的后果。

其三，枯燥，这是其特殊性，因为其涉及的词汇、表达等有时非常的枯燥无味、晦涩难懂。

### （三）根据工作主体分类

根据翻译工作的主体，可以将翻译划分为如下两类。

（1）人工翻译，即传统的以译者作为主体的翻译形式，往往从一人到多人。

（2）机器翻译，即 20 世纪 70 年代后出现的将翻译机器作为主体的翻译形式，往往从简单型到智能型。

需要指出的是，机器翻译比较快，不怕重复，也不需要休息，但是它也存在着不足之处，即往往比较机械，离不开人，还需要译者进行核对、润色与定稿。因此，要想翻译准确，机器翻译也需要人工翻译的配合。

### （四）根据等值程度分类

根据等值程度，可以将翻译划分为如下四种。

（1）完全等值，即 1:1 的等值，对于一种原文，虽然译法有一种或者几种，但是效果需要与原作保持基本一致。

（2）部分等值，即“1: 几”或者“几 :1”的等值，其源自两种，一种是对某一原作，有几种译文；二是对于多种原作，仅有一种译文。无论是哪种，其都未达到完全等值，仅仅是部分等值。

（3）假性不等值，即是前面的完全等值或者部分等值的结合。这种现象也非常常见。原作中的某个词、句子等，有时候译文初看与原作不等值，但是译语明明有完全等值的表达，译者就是不采用。这是为什么呢？因为译者如果采用了完全等值的表达，其在实际中的效果就不能实现等值，虽然他们在措辞上似乎是不等值的，但是在实际效果上是等值的。

（4）不等值，即 1:0 或者 0:1 的等值。

## 三、翻译的过程

如前所述，翻译过程是一项非常复杂的过程，而且是一项复杂的心理过程，其工作的重心不仅是研究如何才能在兼顾原文思想的前提下传达原文的意义。这一过程包含准备、理解、表达、修改与审校。

### （一）准备

由于翻译是一项十分负责的工作，因此进行适当的准备是非常重要的。在翻译之前，译者通过准备可以保证自身的翻译工作顺利进行。当然，准备工作也包含很多，尤其要查询与之相关的资料，这样便于译者对原作有一个基础的了解。当然，译者还需要借助相关的工具书或辞典。具体来说，主要包含如下几个层面。

（1）了解作者的基本情况：在翻译之前，译者需要对原作作者的生平、时代、社会背景、写作风格等有基本的把握。对于这些信息，译者可以从多个途径获得，如百科全书、网络、自传等。

（2）分析作者的创作手法：在翻译之前，译者至少要阅读作者的两部著作，从中了解作者的写作风格、创作手法以及基本的思想取向等，尤其是作者的经典代表作，这样既可以使译者从中找到与所要翻译作品的某些相似之处，也可以使他们更深刻地理解所翻译的作品。

（3）清楚作者的语言风格：对作者的语言风格的再现是翻译的重要内容，所以译者在翻译过程中要充分了解作者的语言风格。译者可以对某些段落进行解读，分析其中的行文与修辞特点，对作者的写作特殊之处有初步的接触，从而为之后的深刻剖析奠定基础。

（4）准备工具书等材料：译者在进行翻译时，需要借助工具书，常见的工具书有百科全书、双语词典等，如 The Shorter Oxford English Dictionary、Longman Dictionary of Contemporary English 等。

### （二）理解

所谓理解，即通过将事物间的联系进行揭露，并对新事物进行认知的过程。从翻译的角度来说，理解就是译者在对原作进行了解的基础上，运用英汉两种语言的词汇、语法、修辞等知识，对原作的内容与风格进行明确的翻译。

### （三）表达

表达是翻译过程中十分重要的一个环节，它是理解的升华和体现，是理解的目的和结果。表达是综合因素与艺术因素二者的结合，因此具有较高的创造性，译者在翻译实践中，一定要从原作中跳出，摆脱原作的形式束缚，要发挥译语的长处，把对原作的表层与深层意义的理解确切地表达出来，将原作化成一个整体来再现。

### （四）修改与审校

首先，所谓修改，是指对译作进行加工润色与修正。其包含两个层面：一是对译文进行全面的修正；二是对译文词句进行修正，可以划分为两步。

第一步，与原作对照，逐句逐段修改，具体展开如下。

（1）确定原作思想、内容是否准确传达；

（2）确定有无错译、漏译等情况；

（3）确定译文是否通顺；

（4）确定译文的风格色彩是否与原作相符。

第二步，脱离原作之后，对译文进行反复的阅读，如有错误，进行修改，具体展开如下。

（1）译文用词是否规范、恰当；

（2）上下文是否衔接恰当；

（3）译文前后是否矛盾与重复；

（4）译文是否存在逻辑不通的情况。

其次，所谓审校，是最后一个步骤，是对译文做最后查验，具体展开如下。

（1）审校译文的词汇、句子、段落是否存在错漏的地方；

（2）审校译文中的方位、人名、地名、数字等情况是否存在错漏的地方；

（3）审校译文中的术语是否存在不一致的地方；

（4）审校译文中的标点是否有错误的地方；

（5）审校译文中注释是否有不妥当的地方。

## 四、翻译对译者的素质要求

当前，搞翻译的人有很多，但是到底有多少人真正地懂翻译，这还是一个未知数。当前，在翻译中往往会出现八种错误：拼写错误、遗漏错误、语法错误、表达错误、中式英语、用词不当、语句累赘和文化误译。之所以出现这些错误，主要归结于两大层面：一是中西文化差异的存在；二是译者自身的原因。因此，本节就来分析译者应具备的素质，以更好地提升译作水平。

### （一）译者能够对双语能力进行掌控

双语能力，即对母语与目的语两种语言的掌握能力，这是译者开展翻译工作首先需要具备的条件。也就是说，并不是一个人懂英语就一定可以做翻译工作。译者进行翻译的第一步就是必须从原作中对作者加以理解，从作者当时的写作文化背景出发对作者意图加以把握，对自我进行克制，做到忠实，这样才能完成翻译。同时，对于读者来说，译作是一个再创作的输出产品，如果译者的汉语知识不扎实，就很难将源语的艺术效果表达出来。郭沫若说过“好的翻译等同于创作”，这也恰好体现出了翻译的关键。这就是说译者需要在两种语言中穿梭，把握两种语言的转换，这样才能避免错译、误译。

### （二）译者需要对译文恰当权衡

文本不同，特点也不同，因此译者需要对原作的用词、表现手法进行斟酌，不能所有文本都使用一种翻译手法。例如，如果译者翻译的是一本旅游文本，就需要考虑该文本的信息，不能拘泥于汉语词句，要从旅游文本的特点出发，对译作进行增补与改译。同时，还需要考虑目的语读者的接受情况，避免误解的发生。如果译者翻译的是一本法律合同文本，那么就需要考虑法律文本的严肃性与权威性，严格按照法律文本的格式，保证规范、准确。一般来说，合同往往会以“...made and signed by and between...”等开头。因此，这些都需要译者长期的积累。

### （三）译者需要具有责任心

译者的责任心在翻译工作中扮演着至关重要的角色。责任心不仅影响翻译的准确性和质量，还关系到文化信息的正确传递和接受者的理解。译者需对每一个翻译的细节承担责任，这种职业道德的坚守是高质量翻译的基础。译者在追求翻译速度的过程中，应避免牺牲准确性和文化敏感性。一些看似简单的词汇或表达，在不同的文化和语言背景下可能具有截然不同的含义。因此，对上下文的深入理解和对语言细节的精确把控是非常必要的。译者应该逐字逐句地考虑词汇的选择和语句的构造，确保翻译不仅忠实于原文，也适应目标语言的文化和语境。特别是在处理含有浓厚地方色彩的俚语或文化特定表达时，译者需要进行深入研究，了解其原始含义和使用场合。忽视这一点很容易导致信息的误传达，甚至可能带来不必要的误解或冲突。

### （四）译者需要“一专多能”

很多人接触翻译之后，发现很多知识都是欠缺的，如很难读懂法律、科技、经贸类文本。因此，译者仅具备扎实的英语基本功是不够的，还需要具有专业性，这样才能在接触五花八门的材料时更加得心应手。

## 第二节　准确性原则

准确性原则在旅游英语文化翻译中同样占据核心地位，它要求译者必须忠实、准确地传达原文的旅游信息和文化内涵，确保源语言读者与目的语读者在获取旅游信息时达到内涵对等，即实现信息等值。这种准确性不仅仅局限于语法、标点、词汇的精确使用，更重要的是要把握旅游文本的文化内涵，准确传达旅游目的地的风土人情、历史背景、社会习俗等。旅游英语文化翻译作为实用文体的一种，其内容通常涉及旅游宣传、导游词、旅游指南、景区介绍等，这些文本需要准确传达旅游信息，帮助游客更好地了解和体验旅游目的地。与文学作品不同，旅游英语文化翻译不追求华丽的辞藻和丰富的修饰语，而是注重信息的真实性和实用性，力求为游客提供准确、全面的旅游信息。

因此，在旅游英语文化翻译中，准确性原则尤为重要。无论是景区介绍、旅游宣传册、导游词还是旅游合同等文本，都需要在翻译过程中严格遵循准确性原则，确保信息的忠实传达。这要求译者具备深厚的语言功底和丰富的文化背景知识，能够准确理解原文意图，并恰当运用目的语表达方式，将原文的旅游信息和文化内涵准确地传递给目标读者。

## 一、术语选择要准确

在旅游英语文化翻译中，术语的准确性至关重要。术语是旅游行业特定概念和称谓的集合，是行业内人士交流的基础。旅游英语翻译要求术语的使用不仅符合旅游学科的规范，还需符合文本的具体语境和目的语读者的阅读习惯。例如，在翻译旅游景点的介绍时，“heritage site”应准确地传达为“文化遗产地”，而不是简单地译为“遗产地点”。此外，由于旅游翻译涉及历史、地理、文化等多个领域，每个领域都有其特定的术语和表达方式，因此，在翻译过程中需要特别注意这些术语的准确性和恰当性。

## 二、词语选择要准确

旅游英语的文化翻译同样需要精确选择词语，以避免造成误解或者混淆。旅游文本往往涉及景点的描述、旅游活动的介绍、游客的接待等方面，因此，在翻译过程中需要认真筛选词语，确保译文的准确性和清晰度。例如，在翻译“文化古迹”时，应准确使用“cultural relics”而非“old buildings”，以准确传达其文化内涵和历史价值。同样，在翻译与旅游活动相关的词汇时，如“自由行”、“跟团游”等，也需要选择恰当的词语来准确表达其含义。“自由行”通常可以翻译为“independent travel”或“free independent travel（FIT）”。其中，“independent travel”强调旅行的自主性，而“free independent travel”则更为具体地描述了这种自由行的性质。“跟团游”则通常翻译为“package tour”或“group tour”。这两个表达都强调了旅行是作为一个团队或集体进行的，有固定的行程和安排。译者可以根据具体的语境和需要，选择适合的翻译方式。

## 三、译文数据要准确

在旅游英语的翻译中，数据的准确性直接关系到信息的可信度和实用性。旅游文本中往往涉及景点的面积、海拔、历史年代、游客数量等数据，这些数据对于游客了解景点的情况和制订旅游计划具有重要意义。因此，在翻译过程中，译者需要确保这些数据的准确无误。对于涉及计量单位的数据，译者需要根据目的语读者的习惯进行转换或说明。例如，在翻译中国特有的计量单位“里”时，可以将其转换为国际通用的“千米”，并在译文中进行说明。同时，对于数字较大的数据，译者还需要注意其格式和可读性，以便游客更好地理解和接受。

## 四、译文风格要匹配

旅游英语翻译要求译文风格与原文相匹配，这不仅是保持信息传递一致性的需要，也是满足读者阅读习惯的要求。不同的旅游文本具有不同的文体风格和语言特点，如旅游指南、宣传册、导游词等。在翻译过程中，译者需要根据原文的文体风格选择合适的翻译策略和语言表达方式。

例如，在翻译旅游宣传册时，译者可以采用生动、形象的语言来描绘景点的美丽和特色，以吸引读者的注意力和兴趣。而在翻译导游词时，则需要使用简洁明了的语言来传达旅游信息和注意事项，以便游客更好地理解和接受。同时，在翻译过程中还需要注意语言的流畅性和可读性，避免使用过于复杂或生僻的词汇和句式，以便读者能够轻松阅读和理解。此外，译者还需要考虑不同国家和地区的文化差异和语言习惯，以确保译文在目标读者中的接受度和传播效果。

## 五、文化调适

在进行旅游翻译时，确实需要高度重视文化适应性，以确保译文能够准确无误地传达源语文本的内容，同时符合译入语文化的特点和习惯。这种文化调适的原则，要求译者不仅精通双方的语言，还必须对双方的文化有深入的理解和敏感度。例如“无成人陪伴儿童”，这是一项特定的民航服务，其表述在不同的文化和语言环境中有着不同的称呼。在中国，这种服务被直观地描述为“无成人陪伴儿童”，这个表述直接说明了服务的内容。然而，在西方，这种服务被称为“unaccompanied minor”，这个表达已经被西方航空业广泛接受，并准确地传达了同样的服务内容。使用这样的习惯性表达方式，不仅能够确保信息的正确传递，还能让西方用户更快地理解和接受这项服务，避免由于文化差异引起的误解[①]。

## 第三节　流畅性原则

在旅游英语文化翻译中，准确性固然重要，但流畅性同样不可忽视。流畅性原则要求译者在确保信息准确传达的基础上，还需注重译文的自然流畅和易于理解。一个流畅的旅游英语译文不仅能够让游客在阅读时感到舒适和愉悦，还能更好地传达旅游目的地的魅力和特色。因此，在翻译过程中，译者需要充分考虑目标读者的语言习惯和阅读习惯，采用符合英语表达习惯的语言结构和表达方式，使译文在语法、语义和修辞上都能够达到自然流畅的效果。同时，译者还需注意避免生硬的翻译痕迹和不必要的冗余，使译文更加简洁明了，并根据目标受众调整翻译用词，更易于读者理解和接受。

### 一、提高易接受性

在处理中国旅游资源相关的翻译时，需要深刻理解并有效桥接中西方的文化和思维差异。中国的历史和文化资源常常蕴含丰富的象征意义和深层次的情感，这些都是通过形象化的表达方式呈现的。相比之下，西方的表达方式往往更侧重于抽象化和系统化的逻辑推理。因此，翻译时需要采用一种灵活的方法，将中国文化的形象化内容适当地转化为西

① 杜晓军．商务英语的翻译原则浅析[J].陕西教育（高教），2013（3）：15，25.

方文化容易接受和理解的抽象概念。在介绍中国的历史事件或文化遗迹时，译者应该从形象丰富的描述入手，然后通过解释和阐述，逐步引导读者理解这些形象背后的抽象含义和文化价值。这不仅涉及语言的转换，更是一种文化的翻译和传递。例如，当翻译关于中国古典园林的描述时，不仅要传达其美学的形象表达（如“曲径通幽”，“假山流水”等），还应该解释这些设计背后反映的道家哲学和自然与人和谐相处的思想。这样的翻译能够帮助西方读者不仅看到形象，还能理解这些景观的文化和哲学深意。同时，译者也需要注意，转换过程中保持原有文化元素的真实性和完整性，避免过度简化或曲解原意。这要求译者具备较高的跨文化理解能力和语言表达技巧，能够在尊重原文的基础上，适当地调整词汇和句式，使翻译结果既忠实原意，又易于目标语言读者的接受和理解。

原文：“一眼望去大漠中一抹金黄那便是怪树林。胡杨千姿百态的造型在这里体现得淋漓尽致，世人无不感叹造物主的伟大。这是胡杨林的海洋，直刺蓝天的树干是摄影爱好者不能错过的佳作。”

译文：why “weird” Hu Poplar? A view from the distant desert reveals quite clearly and so beautifully why the Locals so named this magnificent place on earth, “Weird Forest” . A veritable sea of Hu Poplar, so dense it appears to be that reach to the sky. It must be a wonderful Scenic Spot for the photographer.

以上这段话，开篇以提问形式强调怪树林的“古怪”后，并未像中文介绍中那样强调胡杨林的千姿百态之美，而是以回答提问的方式明白回答在这个沙漠之中有如此浓密的胡杨林海是多么的壮观，分别用了“beautifully”和“magnificent”。这种一问一答符合欧美人士缜密的思维方式。

原文是形容额济纳胡杨墓地——怪树林的一段话，这段描述使用了诗意的语言来表达胡杨树的独特美和自然的伟大，给人以强烈的视觉和情感印象。而译文通过设问直接引导读者进入主题，然后以实际描述和对胡杨林的赞美来回答这个问题。这种一问一答的方式更加直接和明确，旨在快速传达信息和感受，符合欧美人的思维方式。

## 二、内容优于形式

在旅游翻译领域，译者面临的核心任务是将原文的文化精粹和情感色彩准确而生动地传达给外国游客，同时确保译文简洁且易于理解。这不仅仅是语言的直接转换，更是一种文化意义上的重构和再造。译者需要深刻理解源语和目标语的文化差异，精准捕捉原文的情感和意图，通过巧妙的语言再创作，使得译文在保持原有信息的同时，更符合目标语言使用者的语言习惯和审美诉求。例如，将一些具有地域特色的描述转化为外国游客能够感知和欣赏的方式，译者可能需要替换掉一些地域特有的比喻或典故，用易于理解的表达来代替。这样的翻译不仅增强了文本的可读性和吸引力，也架起了不同文化之间的桥梁，使得外国游客能够在轻松的阅读中深入体验和理解原文所传递的文化和情感。

例如：公元 1226 年，成吉思汗率领大军攻克了黑水城。元朝在这里设置了亦集乃路总管府。

在这个例子中，出现了“亦集乃路”和“亦集乃路总管府”，如果直译无疑会给外国游客带来理解上的困难。据查，亦集乃路是元朝西北一下路，属甘肃等处行中书省，相当于现在的省。而亦集乃路总管府这一级别在元朝相当于现在行政区域划归的省政府。因此，这段话译为：

Heishui City was occupied by troops of Genghis Khan in 1226. After the Establishment of Yuan Dynasty, the Provincial Government of Yijinai Province was set here.

再如：额济纳国际金秋胡杨生态旅游节是内蒙古每年一度的国际性综合公共节日，也是大型的商贸促销活动。

直译：Erjina International Hu Poplar festival is an annual comprehensive international public festival, which was host by the government of Inner

Mongolia Autonomous Region. Itis also a large-scale business and tourism promotion activity.

这种直译如果不加上必要的说明，外国游客很难理解这个节日的真正含义和内容。所以必须补充一些内容以更好地宣传额济纳，激发他们对额济纳的兴趣。

补充后的译文：Erjina International Hu Poplar carnival is an annual comprehensive international public festival, which has become one of the most joyful festivals, not only for the locals but also for the tourists from all over the world. The festival will attract many famous popstars as well as politicians, sporters and artists.

在补充译文中，更加强调这个节日的内容和参加者，尤其要向外国游客传递这是一个狂欢日“carnival”。在这个定义下，要告诉他们，节日期间会有演艺明星、政界名人、运动员和艺术家到场与游客一起享受欢乐。

## 三、目标受众细分

在跨文化翻译的实践中，针对不同层次的目标受众进行细分和策略定制是至关重要的。这种细分不仅有助于翻译内容的精确传递，也确保了不同层次的受众能够根据其文化和知识背景有效地接收信息。

对于大众型欣赏者，翻译的主要目标是确保信息的直观理解和流畅接收。这一群体的特点是对复杂的文化背景或艺术细节没有过多要求，因此翻译时应简化复杂的文化引用和历史背景，使用直接明了的语言来传达基本的旅游信息和景点介绍。

面向文化型欣赏者的翻译则需要更加注重文化的深度和信息的丰富性。这类受众往往对所游览国家的文化具有一定了解，希望通过翻译深入体验和了解异国风情。因此，翻译需要保留较多的原文艺术风格和文化特色，同时准确传达文化细节和历史背景，增加一些文化注释或解释来丰富译文的信息层次，满足他们的知识需求和欣赏期待。

对于精英型欣赏者，翻译的要求达到最高水平。这类受众通常对文化有深入的研究和高度的欣赏能力，因此翻译不仅要传递信息，更要传达原文的深层意蕴和文化精髓。翻译工作需要极具洞察力和敏感性，确保文本的每一个细节都得到精准的处理。此外，翻译应包含足够的学术注释和出处引用，以便这些专业受众能在更高层次上进行研究和探讨。

通过这种细致入微的受众细分和针对性翻译策略，可以极大地提升翻译的效果和受众的满意度，从而有效地促进文化的交流和理解。[①]

## 四、保持整体流畅

### （一）符合英语表达习惯

流畅性首先要求翻译者深入了解并遵循英语的语法规则和表达习惯。例如，在翻译“中国有着悠久的历史和灿烂的文化”时，不能直接翻译为“China has a long history and splendid culture”，这种翻译虽然语法正确，但不够地道。更流畅的译文应为“China boasts a long history and splendid culture”，其中“boasts”一词的使用更符合英语表达习惯，使译文更加自然流畅。

### （二）保持句子结构平衡

在翻译过程中，翻译者应注意保持句子结构的平衡和协调。例如，原文“中国长城是世界上最伟大的建筑之一，它见证了中华民族的辉煌历史”可以翻译为“The Great Wall of China, one of the greatest structures in the world, stands as a testament to the glorious history of the Chinese

① 李惠翔．跨文化旅游英语翻译原则探析 [J]．天津商务职业学院学报，2014（4）：75-76.

nation.”这样的译文将原文信息合理地划分为两个短句，并使用逗号进行连接，既保留了原文的信息，又使句子结构更加平衡和易于理解。

### （三）注意段落逻辑衔接

除了句子结构外，段落的逻辑和衔接也是流畅性原则的重要方面。例如，在翻译一篇关于中国旅游景点的文章时，翻译者需要注意各个段落之间的逻辑关系，并在译文中进行适当的衔接。比如，在介绍完一个景点后，可以使用“Moving on to the next attraction...”这样的过渡句来引导读者进入下一个景点的介绍，使整篇文章的逻辑更加清晰，段落之间的衔接更加自然。

### （四）避免冗余和重复

在翻译过程中，翻译者应尽量避免冗余和重复的表达。例如，在翻译“这个景点非常美丽，吸引了无数游客前来观赏”时，如果直接翻译为“This scenic spot is very beautiful, attracting countless tourists to come and admire it”，则存在冗余的问题。更简洁的译文应为“This stunning scenic spot draws numerous tourists.”通过删除不必要的词汇和短语，使译文更加简洁明了。

### （五）保持语气风格一致性

在旅游英语翻译中，不同的文本可能具有不同的语气和风格。例如，在翻译一篇旅游宣传册时，原文可能采用积极、热情的语言风格来介绍旅游景点。在翻译时，翻译者需要保持这种语气和风格的一致性，使译文同样具有吸引力。例如，原文“欢迎来到美丽的中国，这里有着丰富的旅游资源和独特的文化魅力”可以翻译为“Welcome to the beautiful China, where you can enjoy abundant tourism resources and unique cultural charm.”这样的译文保留了原文的积极语气和热情风格，使译文更具吸引力。

## 第四节　功能对等原则

美国著名的语言学家、翻译理论家尤金·奈达的翻译对等理论，特别是其关于功能对等的观点，对旅游翻译领域具有深远的影响。旅游翻译不仅是语言的简单转译，更是一种文化的传递和功能的实现。在这一过程中，译者必须深刻理解原文的文化背景和目标语言的文化习惯，确保翻译工作能够在不同文化之间架起一座桥梁。奈达提出的形式对等和动态对等理论为此提供了方法论基础。形式对等强调在翻译中尽可能保持源语信息的形式和内容，而动态对等则更侧重于译文在目标语文化中的自然性和流畅性，确保翻译不仅忠实于原文，也要使目标语读者能够自然接受。这种翻译策略特别适用于旅游翻译，因为它需要准确而生动地介绍景点，同时传达文化的独特性和吸引力，从而激发目标受众的兴趣和参与感。通过实现这一点，旅游翻译不仅促进了文化的交流，也有效地拓宽了旅游目的地的国际影响力，这正是旅游翻译作为跨文化交际工具的核心价值所在。

尤金·奈达的动态对等理论为翻译提供了一个重要的视角，特别是在处理具有丰富文化内涵的文本时，如旅游宣传材料。动态对等不仅关注于语言的直接转换，更注重在目标语言中再现原文的功能和效果，使译文读者的体验与原文读者尽可能一致。这种对等关注于意义的传递，而不是形式的简单复制，从而确保译文既自然又忠实于原文的意图。奈达理论中的“自然对等”强调翻译应避免生硬或过度直译的词汇和句式，寻找那些在目标语中流畅自然、能够精确传达原文意义的表达方式[①]。这一点在旅游文本翻译中尤为重要，因为这些文本的目的在于吸引并且引导读者，需要译文简洁明了且富有吸引力。例如，描述一个风景名胜时，译者需要传达的不仅是那个地方的景色，更重要的是那里的文化氛围和独特情感，这通常需要译者超越文字的直接意义，捕捉和再现文本的深

① Nida E.A., Taber C.R. 翻译理论与实践 [M]. 上海：上海外语教育出版社，2004.

层文化和情感色彩。此外，动态对等也涉及篇章结构和文体的适配，译者需要根据目标语的文体特点调整句法结构，确保整个文本的连贯性和逻辑性。在实际操作中，这可能意味着对源文的某些部分进行重组，甚至重写，以适应目标文化的表达习惯和读者的预期。

翻译的四大标准——达意、传神、措辞通顺自然，以及读者的反应相似——虽然为翻译提供了明确的目标，但实际操作时，译者往往面临着如何平衡内容的忠实度与形式的美感的难题。特别是在文学翻译中，这种平衡显得尤为重要。如果过分强调内容的忠实，而忽视了形式的美感，译文可能会失去原文的艺术魅力，变得枯燥无味；反之，如果只注重形式而忽略内容的准确传达，译文则可能流于表面，缺乏深度。因此，译者需要在内容与形式之间找到一种适当的平衡点，这不仅是对原文的一种尊重，也是对目标语读者的一种负责。根据尤金·奈达的动态对等理论，翻译应当是一种“再创造”而非简单的“再生产”。动态对等不同于传统的自由翻译或活译，它要求翻译在尊重源语信息的基础上，创造出一种在目标语文化和语言环境中同样自然和准确的表达。这种翻译不仅要忠实于原文的意图和情感，还要在形式上尽可能地自然和贴近目标语言的习惯，从而确保译文能够在新的文化背景中产生与原文相似的效果。因此，译者不应机械地将内容与形式割裂开来，而应视其为不可分割的整体。在翻译过程中，译者需要运用其语言能力和文化理解，通过对原文深入的解读和创造性的表达，实现内容和形式的有机统一。

旅游文化翻译作为一种特殊的文体，旨在向目标语读者介绍和宣传旅游目的地的文化、景观和服务，因此功能对等原则在旅游英语文化翻译中显得尤为重要。通过实现功能对等，翻译者能够确保译文既准确地传达了原文的信息，又符合目标语读者的阅读习惯和审美需求，从而达到有效传播旅游文化、吸引游客的目的。

## 一、词汇对等

旅游景区景点是以旅游活动为主要功能的空间或地域，是一种专名。北京市质量技术监督局2006年发布的《公共场所双语标识英文译法》(DB11/T334)第二部分和附录A(规范性附录)，为旅游景区景点的英译提供了参考。该文件规定，旅游景点地名通名采用英文翻译，英文单词首字母大写，其余小写。历史名人的纪念馆译为Memorial，人名不加“’s”，历史事件或事迹的纪念馆译为Memorial Museum，故居译为Former Residence，展览馆、陈列馆译为Exhibition Hall/Exhibition Center等等。

以黄帝故里景区官方网站发布的介绍为例，可以看出景点名称的翻译从主要从两个方面体现了词汇对等，如：以译出语为取向的景点名称翻译：轩辕桥(Xuanyuan Bridge)，轩辕祠(Xuanyuan Temple)，轩辕丘(Xuanyuan Hill)，轩辕广场(Xuanyuan Square)；以译入语为取向的景点名称翻译：黄帝像(Yellow Emperor Statue)，黄帝宝鼎(Yellow Emperor Tripod)。通过研究发现，词汇对等策略对于其他旅游景点名称英译同样适用，比如在苏州拙政园景点导游词中将“倒影楼”译为“Reflection Pavilion”，将“兰雪堂”译为“Orchid Snow Hall”，将“芙蓉榭”译为“Lotus Waterside Pavilion”便是以译入语为取向的翻译；将“缀云峰”译为“Zhuiyun Peak”，将“天泉阁”译为“Tianquan Pavilion”，将“秫香馆”译为“Shuxiang House”，将“倚虹亭”译为“Yihong Pavilion”便是以译出语为取向的翻译。

在翻译“黄帝”名号的问题上，翻译界众说纷纭，各执一词。有的主张译为Yellow Emperor，有的主张译为Emperor，也有人主张直接音译为Huang Di。《新世纪汉英大词典》中将“黄帝”译为“Yellow Emperor (a legendary ruler of remote antiquity and ancestor of the Chinese nation)”，将“黄帝陵”译为“Mausoleum of Yellow Emperor”；陕西

黄帝陵国家文化公园将景区名称译为“Huang Di Ling National Cultural Park”；Wikipedia（维基百科）则采用了“Huangdiling National Park（Mausoleum of Yellow Emperor）”这种直译加注解的译法。“黄帝故里”的英译也有多个版本，较为普遍的有“The native place of Yellow Emperor”或者“Huang Di’s hometown”，维基百科采用了“the birthplace of the mythical Yellow Emperor（the legendary founder of the Chinese nation）”。

陕西省于2011年首次发布《公共场所公示语英文译写规范》认为“黄帝”原译名“Yellow Emperor”意思欠妥，但由于国外报刊等已约定俗成使用，故予以保留，“黄帝陵”译为“Mausoleum of Yellow Emperor”。

李照国在翻译《黄帝内经》时采用了一种结合音译和意译的方法，这种方式旨在同时保留原文的文化内涵并增强其在西方读者中的可理解性。通过将“Huang Di”作为主要名称来维持人名的原质性，同时使用“Yellow Emperor”作为副名，以补充解释和加深西方读者对该名称基本含义的理解。这种翻译策略考虑到了人名不仅仅承载着直接的指称意义，还包含了丰富的象征意义，特别是在跨文化交流的背景下。音译能够保持名字的文化独特性，而意译则帮助揭示这些名称背后更深层的文化和哲学意涵。因此，在汉英翻译中，通过这样的方法处理人名，可以有效地缓解直接音译可能导致的象征意义的丧失，使得翻译作品在保持忠实于原文的同时，也为目标语言的读者提供了足够的文化背景信息，增强了其对中国古典哲学和文化深度的理解。

词汇对等并非中英词汇的简单对等，遵循词汇对等并不意味着逐字翻译。例如，将“爱护环境，从我做起，垃圾带走”，译为“Show Your Respect for Environment and Do not Part and Take Your Trash with You”便是一味照字面意思死译，整句英文极为烦琐、词不达意。根据我国颁布的《公共服务领域英文译写规范》，可以将其译为“No littering”。凭主观臆想来理解原文，不分析原文结构，只看字面意义，编造句子也不能称为意译，是“胡译或乱译”，例如，饭店菜单上将“小可乐”译为“Small may be happy”，便是不顾源语信息的胡译。译者在旅游英语的实际翻译过程中应遵循词汇对等的原则，但不可一味追求词与词的简单对等，要根据情况进行意义对等的翻译。

## 二、句法对等

翻译不仅仅是简单的语言转换工作，更深层次地，它是一种复杂的思维活动。这种认识尤其适用于处理东西方文化差异时的翻译任务。中国古典文学，以其借景抒情的特点和华丽、富有主观色彩的言辞，反映了中华文化对声律对仗和行文工整的审美偏好。这种语言风格在汉民族中有着深厚的文化根基，与西方的表达方式形成鲜明对比。西方的传统哲学和文风则更加强调客观理性，其语言表达以句式严谨、思维缜密和用词简约为特征，体现了一种朴实无华的风格。

例如：在翻译孙中山先生所做的《祭黄帝诗》时，便考虑到要尽可能地保留原文的句式特征。

原文：

中华开国五千年，
神州轩辕自古传。
创造指南车，
平定蚩尤乱。
世界文明唯有我先。

译文：

Since China was founded 5000 years ago,
Great ancestor Xuanyuan lived in Central Plain.

He made great inventions like compass-chariot,

Put down the Rebellion of Chiyou,

Thus made Chinese civilization the earliest in the world.

《祭黄帝诗》句式严谨，行文工整，因此翻译过程中保留句式特征尤为重要。尽管汉英民族有着不同的文化背景、价值观念及思维方式，但仍可追求句法上的大致对等。在翻译这首诗时，应尽量确保句式结构的严谨性，韵律方面也尽量保留，如 ago 与 Chiyou，compass-chariot 与 world。

正如李照国所指出的，内容和形式在诗词中是密不可分的，这一点在翻译时尤为重要[①]。诗词的韵律不仅仅是修饰元素，它是表达诗意和情感的核心组成部分，直接影响诗歌的整体效果和深层意义。翻译古诗词时，译者面临的主要难题是如何在保持原作精神实质和美学价值的同时，转化其形式以适应目标语言的文化和审美习惯。例如，汉语古诗的对仗和平仄韵律，在英语中可能没有直接对应的形式，因此，译者需要寻找创造性的方法来再现这种音韵美，可能通过押韵、节奏或其他形式的语言技巧来尽可能地传达原文的美感和节奏。此外，古诗词的意象和隐喻往往根植于特定的文化土壤，直接翻译往往难以让目标语言的读者产生共鸣。因此，译者可能需要通过注释、改写或增加解释性的语句，使得原本文化中的深层意义能够在翻译中得以清晰呈现。

比如："一方水土养一方人"，一方水土也哺育一方文化。

译文：As an old saying goes, "The unique features of a local environment always give special characteristics to its inhabitants." Similarly, unique local environment also endows the local culture with specific features.

原文引用了一句俗谚"一方水土养一方人"，为向游客介绍诞生

---

① 李照国．熵化·耗散·重构——汉英翻译理论探微[M]．上海：上海科学技术出版社，2008.

于河南的人文始祖黄帝及五年前中国文化起了很好的铺垫作用，在翻译过程中，增译了“As an old saying goes”作为过渡，补充文化背景，有助于西方游客理解。原文中用了四个“一方”强调独特性，中文对仗工整；译文分别采用了“local”，“special”，“unique”，“specific”进行一一对应，符合英语用词多样性的特点。陈刚认为，“翻译时对应得好，译文形象生动；否则译文可能‘单调乏味’，甚至‘味同嚼蜡’”。[①]

再如：北面青竹石笋，西面嫩荷吐尖，南面梧桐秋雨，东面梅花怒放。

译文：Located in the north are bamboo and stone pillars; in the west, young and tender shooting lotus; in the south, “parasol trees in autumn rain” and in the east, blooming yulan magnolia.

原文和译文分别以东西南北四个方向的独特景致进行描述，中文虚实相生、句式工整；英文逻辑清晰，思维缜密。不仅信息功能对等，而且句法表达方式相同，巧妙地传达了景点特色，吸引了游客，最大限度地取得了预期效果。

汉语旅游文本的特点深受中国传统文化的影响，尤其是在语言的使用上，既追求表达的精致华美，又强调情感与景物的和谐统一。这种文风体现在典型的四言八句结构，以及对偶、平行和四字句的频繁使用上，旨在通过这些形式上的工整和声律的对仗来增强语言的艺术效果，使其富有诗意。然而，这种依赖于华丽辞藻和固定结构来渲染景物和情感的方式，在英文的翻译实践中可能不会得到同样的效果。英语的表达方式倾向于简洁和直接，更注重实景的具体描绘，这种风格差异可能会被误解为缺乏文采。实际上，这并不是英语本身的局限，而是两种语言在表达习惯和审美取向上的根本差异。在翻译汉语旅游文本时，译者面临的挑战是如何在保持原文的诗意美和情感表达的同时，适应英文的表达习惯，确保译文的自然流畅和易于理解。

① 陈刚．旅游翻译与涉外导游[M]．北京：中国对外翻译出版公司，2004.

## 三、篇章对等

在旅游文本的英译过程中，重点是理解目的语文化的内涵，确保译文不仅忠实于原文的总体意义，同时也适应接收文化的理解能力和接受范围。导游词的翻译尤其着重于帮助外国游客更好地理解和欣赏中国文化，同时增加景点的吸引力。这要求翻译从中国文化出发，但最终必须落在西方游客的认知与接受程度上。

现代翻译理念认为，翻译应超越单纯的语言转换，更应关注目标受众对译文的反应。这种观点强调译文应激发的反应，即受众如何理解和接受中国文化，而不仅是语言的表层精确对应。因此，对于那些具有浓厚中国文化特色且可能导致理解障碍的内容，译者需要进行适当的调整。这包括对原文中对于中文读者有意义但可能对西方读者晦涩难懂的部分进行删减或改写，以简化表达，增加透明度，使之更加易于理解。这种处理方式不仅帮助译文达到更高的可读性和交际效果，也是一种文化适应策略，使得翻译工作成为一种文化传递的桥梁。通过将游客对译文的反应与原文对中国游客的反应进行对比分析，译者能够更有效地评估和提高译文的质量，从而更好地服务于旅游交际的目的。

例如：相传，黄帝出生那天，天象异常，两条巨龙在空中盘旋，彩虹满天，凤凰浮现，各种鸟兽欢腾于天地之间。这幅壁画就生动的描绘了黄帝出生时的情景。通过神话传说的形式，象征黄帝的出身不凡。

译文：According to the legend, it has abnormal phenomena on the day when Huang Di was born, two Loongs（traditional Chinese totem）hovering in the air, rainbows spreading all over the sky, phoenix emerging, all kinds of birds and beasts enjoying great jubilation all around the world. This mural vividly depicts the scene of Huang Di’s birth. In the form of myths and legends, it symbolizes the extraordinary origin of Huang Di.

这段描述黄帝诞生的导游词充满了古神话的魅力，语言华美而意象丰富，营造了一种梦幻般的氛围。成功翻译这类文本要求译者不仅对黄帝及其历史功绩有深入的了解，还需要掌握相应的文化背景。适当的翻译策略和清晰流畅的文字至关重要，以确保故事的生动传达。直接翻译原文中的华丽辞藻可能会使译文显得晦涩难懂，特别是对习惯于简洁表达的西方游客来说，过于复杂的语言只会增加他们的理解难度。在考虑到目的语读者的审美偏好后，有必要删减原文中的一些过分华美的词汇，采用简洁朴实的语言。虽然这种处理可能会让习惯于汉语表达方式的人觉得英语表达过于简单，但这正符合英语旅游文本的风格，能有效减轻西方读者的信息处理负担，同时也更容易激发他们的旅游兴趣。导游通常以完整的语篇为单位进行讲解，因此翻译工作也应重视语篇的流畅性和信息的完整传递，确保核心内容在翻译过程中得以准确表达，同时保持文本的吸引力和可读性。

通过翻译实践发现，篇章对等同样适用于其他旅游景点导游词的翻译。

例如：跨过九曲石板桥，沿着弯弯曲曲的山间小路缓步登山，这座轻巧若飞的亭子就是“待霜亭”。“待霜”取义于唐代诗人曾任苏州刺史的韦应物的诗：“书后欲提三百颗，洞庭须待满林霜。”字里行间透出了一股霜浓橘红的山野气息和泥土芳香。

译文：After we cross a zigzag slab stone bridge we shall climb a hill along a narrow path, then the Daishuang Pavilion greets our eyes. The name originates from a poem by Wei Yingwu, a prefecture governor in Suzhou in the Tang Dynasty, from which a sense of freshness of the nature gives us the genuine touch the art.

在翻译面向西方文化读者的文本时，考虑到他们的接受程度及文化差异，通常需要对原文中的诗词等元素进行适当的调整或删减。这样的处理不仅是为了使译文更加通俗易懂，也是为了满足目的语读者的特定信息需求和接受信息的方式。西方读者可能不具备理解复杂东方诗词的文化背景，因此，直接翻译可能不会有效传达原意，也可能造成理解上的障碍。

翻译本质上是一个“再创造”的过程，涉及深度的思维处理和表达输出。有效的翻译不仅要忠实于原文的内容，还要捕捉和传达原文的精神和情感。这要求译者在翻译过程中首先理解原文篇章的逻辑关系和内在联系，然后根据这些逻辑重新组织译文。这种方法不仅能确保译文的准确性和流畅性，还能避免直译带来的误解和文本的僵硬。通过重新组织和调整译文，译者能够更好地在保持原文意义的同时，适应目标语言的表达习惯，从而确保翻译达到交际的目的。

## 四、文体对等

中西方在社会历史背景、民族文化心理、语言文化传统、思维习惯和审美意识等方面存在显著差异，这些差异在文体上表现为风格的巨大差异。汉语旅游文本，如谢庚全所述，经常采用文言文与白话文的结合形式，使用重复的辞藻来烘托“诗情画意”，这体现了中文对于音、形、意和谐统一的追求，其中常见的表达方式包括大量的平行结构和四字句型。相比之下，英语表达更加注重实景的再现和摹仿，强调客观事物与主观情感的分离，追求的是一种自然理性之美。英文行文中最忌讳的是重复堆砌，它倾向于使用简洁、直接的语言来表达思想，以避免过度的修饰和冗余。在翻译汉语旅游文本到英语时，译者面临的挑战是如何调整和转化文本以符合英语的表达习惯和读者的预期。这通常意味着需要在保持原文“诗情画意”的基础上，简化语言结构，去除不必要的重复和过度的修饰，以便文本在英语中同样能流畅表达且易于理解。

例如：叶落兮归根，故里兮牵魂。每年都会有大批海内外的中华儿女来这里寻根拜祖，寻觅自己的根。

译 文：Like what comes from the soil will return to the soil, a person residing elsewhere will return to his ancestral home finally. Every year, a large number of descendants of Yan Di and Huang Di at home and abroad come here to worship ancestors and find their roots.

“以作者为取向的翻译标准在旅游翻译中比较常见，主要用于翻译名人名家的诗歌、楹联、散文、游记和其他名言，目的是保存着原作的风姿和作者的权威性”① 这段导游词的翻译采用了“like”，用以说明“what comes from the soil will return to the soil”与“a person residing elsewhere will return to his ancestral home finally”的相通之处，其目的是尽可能地保留“叶落归根”与“魂归故里”这一对仗句式和文体，实现原文的美学价值，以吸引海外旅游者。

在翻译中国的景点导游词时，挑战在于如何将充满山水诗意和文化厚重的原文表达适应到西方读者的文化理解中。汉语中的表达往往具有一定的模糊性，喜欢借助古诗词和典故来增添意境，这种独特的表达方式在汉英翻译中尤为复杂。由于这些诗词和典故深植于中国特定的历史和文化土壤中，直接翻译往往难以被非中国背景的读者所理解，因此，翻译这样的文本不仅是语言的转换，更是一种文化的传递。

翻译中国景点导游词需要译者具备深厚的跨文化理解能力，能够在保持原有文化精髓的同时，通过适当的调整使之为西方读者所接受。这可能意味着需要对一些高度文化特定的元素进行解释或改写，以便更好地传达其意境和情感。此外，西方与中国在生活方式、思维模式、审美观念等方面的差异也要求译者在翻译过程中做出判断，选择最能触动目标读者的表达方式。例如，一个充满古典美的中国园林，在翻译成英语时，除了介绍其美学和设计之外，还需要解释园林中的象征意义和文化背景，以便外国游客能够更深入地理解和欣赏。同时，对于那些可能因文化差异而难以直接理解的概念，译者可以采用注释或附加说明的方式，帮助读者建立起对文本的文化和情感连接。

奈达的“功能对等”理论强调的是译文应当在功能上对等于原文，

① 陈刚．旅游翻译与涉外导游[M]．北京：中国对外翻译出版公司，2004.

即译语读者在理解和感受上应与源语读者大致相同，这一点在旅游翻译中尤为关键。陈刚所提到的“信息功能”和“召唤功能”的实现，特别强调了旅游文本应如何激发读者的行动和情感反应，这对于旅游材料和导游词的翻译至关重要。在汉英旅游材料翻译过程中，译者应首先深刻理解原文的文化和情感背景。这不仅涉及语言的直接转换，更涉及如何传达与原文相同的情感和调动同样的反应。因此，译者需要具备丰富的语言文化知识，并能够根据目标读者的文化背景选择合适的翻译策略。例如，对于充满地方色彩的描述和典故，译者可能需要更多地解释和适当的文化适配，以确保信息的准确传递和情感的正确引导。此外，认真严肃的态度对于旅游翻译尤其重要，因为这类文本的目的在于促进跨文化的理解与交流。译者的责任是确保所有的信息都被准确无误地翻译，并以一种既忠实又易于目标读者理解的方式呈现。

# 第六章　旅游英语文化翻译技巧

与法律英语、科技英语、商务英语类似，旅游英语本身属于专门用途英语的一部分，因此无论在用词、造句还是语篇组织上，旅游英语文本都有自身的语言特点，并且这些层面也更能体现旅游英语翻译的复杂性、综合性与跨学科的特征。基于此，本章就从上述三个层面对旅游英语文本的语言特点展开分析，并深入探讨不同层面的翻译技巧。

## 第一节 词汇特点与翻译方法

### 一、词汇特点

#### （一）使用专有名词

在旅游商务英语文本中，对目的地的宣传不仅仅是简单的地名介绍，而是一种通过地名、经典名称来传达目的地的人文景观和历史沿革的复杂任务。这种文本中常常包含大量的历史事件和著名人物的描述，这些都是为了向读者或游客展示该地区独特的文化和历史价值。陈凌燕和傅广生等学者指出，旅游景点的名称不仅是对该地理位置的形象概括，更是对景点内容的重要介绍[①]。因此，这些名称在翻译时需要格外注意，不仅要准确传达地名的字面意义，更要传递与之相关的文化和历史信息。例如，许多景点的名称可能涉及特定的历史人物、事件或者传说，这些都是不可分割的一部分，对于理解整个景点的意义至关重要。

在进行旅游商务英语翻译时，译者需要具备深厚的文化背景知识和对目标语言的精准把握。这不仅要求译者能够准确理解源语言中的文化

① 彭萍．实用旅游英语翻译：英汉双向[M]．北京：对外经济贸易大学出版社，2010：81.

和历史细节，还要求他们能够在目标语言中找到恰当的表达方式，使这些文化和历史细节对于目标读者同样具有吸引力和可理解性。

### （二）使用缩略语

在旅游商务英语文本中，缩略语的运用非常普遍，它们是随着旅游业的成熟和专业化不断发展演变出来的特定词汇。缩略语可以极大地提升沟通的效率，使得语言更加精简和专业。这种语言形式在口头和书面交流中都非常常见，尤其在快节奏的旅游业务活动中，缩略语帮助业内人士和游客迅速交换信息。在旅游广告、宣传手册、旅游指南以及在线旅游服务平台中，常见的缩略语如“ETA”（预计到达时间），“E-Ticket”（电子票）等，都是为了快速传达具体的内容。这些缩略语已被广泛接受并应用，成为旅游交流的一部分。使用缩略语不仅减少了文字量，也提高了信息传达的速度和专业感。然而，对于非专业的旅游者或初次接触特定旅游领域的人来说，过多的专业缩略词可能会造成理解上的障碍。下面简单列举一些缩略语：

美国：USA（United States of America）

伦敦旅游局：LTB（London Tourist Board）

世界卫生组织：WHO（World Health Organization）

伦敦希思罗机场：LHR（London Heathrow Airport）

优质旅游：QTS（Quality Tourism Service）

不明飞行物：UFO（Unidentified Flying Object）

联合国教科文组织：UNESCO（United Nations Educational，Scientific and Cultural Organization

住宿加早餐：B & B（bed and breakfast）

用户标识：user ID（user identity）

露营地点：campsite（camping site）

商业：biz（business）

### （三）使用第二人称代词

在旅游英语文本中，使用第二人称代词（“you”）具有显著的策略意义。这种用法通常不是指某一个具体的人，而是泛指广大读者或潜在的游客，这种表达方式能够有效拉近文本与读者之间的距离，创造一种对话式的交流氛围。特别是在旅游广告和宣传语中，第二人称代词的运用使得信息传达更加直接和个性化。通过直接呼唤读者，文本能够更有效地触及读者的情感，激发他们的旅游兴趣和购买欲望。例如，使用诸如“Imagine yourself relaxing on a sun-drenched beach”（想象一下你自己正在阳光普照的沙滩上放松）这样的句子，直接将读者置于讲述的场景之中，增强了文本的吸引力。此外，这种使用第二人称的策略还可以增加文本的互动性。它鼓励读者将自己想象为故事的一部分，从而更生动地感受到旅游目的地的魅力。

例如：You’re not permitted to bring your own food to the park; you can only consume the fast food sold on the premises.

译文：不允许自带食物进入园中，只能在里面的快餐店用餐。

### （四）使用信息表达相对简单的词汇

旅游英语文本作为一种宣传类文本，其主要目标是吸引并且服务于广泛的读者群体，这就要求其内容的表达尽可能普遍易懂。使用简单、明了的词汇是实现这一目标的重要策略之一。简单的词汇有助于确保各种背景的读者都能轻松理解文本内容，无论他们的教育水平如何。

例如：Located on the southern end of Renmin Road，the Canglang Pavilion（Surging Waves Pavilion）is one of the oldest gardens in Suzhou.

译文：沧浪亭位于人民路的南端，是苏州最古老的园林之一。

### （五）使用形容词的比较级和最高级

旅游英语文本中包含很浓重的广告成分，而广告在使用形容词时往往会选 择比较级或最高级形式，这样展现出这则广告的优势。

例如：Out of all of America’s symbols, none has proved more enduring or evocative than the Statue of Liberty.

译文：在美国所有的标志当中，自由女神像最为持久，也最具感召力。

再如：East or west, Guilin Landscape is best.

译文：桂林山水甲天下

## 二、翻译方法

### （一）直译

直译作为一种传统的翻译方法，以其对原文内容和形式的忠实保持而被广泛运用。西塞罗将其描述为无创造性的“作为解释员式”翻译，强调了直译在内容上的忠实和形式上的对等。在实践中，直译并不简单等同于字对字的硬译，而是一种旨在保持原文结构和意义的翻译方法。

冯庆华在《实用翻译教程》中进一步明确了直译的定义，指出直译既要保持原文的内容，也要保持原文的形式。这意味着，直译要求翻译者在保证译文内容忠实的同时，还要尽可能地保持原文的结构和表达方式，确保译文与原文在形式上的一致。这种翻译方法的核心是寻求内容和形式的双重对等，以实现译文与原文在理解和感受上的等效。直译的应用并不是适用于所有文本，它尤其适合那些对形式和内容精确度要求极高的文本，如法律文件、技术手册等。然而，在文学作品或具有浓重文化色彩的文本中，过度依赖直译可能会导致译文缺乏流畅性和可读性，因此在这类翻译任务中，直译需要与意译结合使用，以传达原文的文化内涵和情感色彩。

林煌天在《中国翻译辞典》中对直译的定义提出了一种更加深入和精确的解释：凡是能够保存原文意义、形象和语法结构而译文又明白通顺的，才是真正的直译。这一点纠正了公众对直译的常见误解，即直译仅仅是字对字的翻译。事实上，直译远比这更为复杂和细致，要求译者在忠实原文的基础上，还必须考虑译文的可读性和自然度。直译的英语表达为“literal translation”，这与“word to word translation”有着本质的区别。字面上的直译着重于传达原文的直接意义，并尽可能保持原文的结构和表达方式，但这并不意味着机械地复制每一个词汇和句子结构。正确的直译方法应该是灵活的，能够使译文在意义、形象和语法上都对读者来说是清楚和理解的。

在实际操作中，直译需要平衡忠实原文和译文自然流畅两大要素。译者在追求结构对等的同时，必须警惕不应仅仅为了结构的对等而牺牲译文的自然性和易读性。如果过度追求结构上的一致，可能会导致译文僵硬、不自然，这样不仅不利于读者的理解，也无法有效传达原文的情感和意境。

例如：元宇宙

译文：Metaverse

该词的出处是 1992 年小说《雪崩》（Snow Crash）中的一个科幻概念，后来被人们运用在许多相关题材的电影中，指的是一个“沉浸式共享空间，跨越不同平台，物理世界与数字世界交汇”，如今，各大互联网公司掀起了一股向该领域进军的热潮。“Metaverse”属于缩合词，由“meta”+“universe”构成，指的是“a collective virtual shared space”。“meta”这一词根翻译为“元”，加上后面的“宇宙”，显而易见，元宇宙一词的翻译就属于直译的翻译方法。

### （二）意译

西塞罗的“作为演说家”（ut orator）式翻译方法提倡的是一种创造性的翻译，这种翻译策略后来被称为“意译”（free translation）。在这种翻译观念下，译者被赋予了更大的自由度，可以在保证不失原文意义的前提下，对译文进行必要的创造性调整。这种方法强调的是传达原文的“重量”或“精神”，而非逐字逐句的对应。西塞罗在《论最优秀的演说家》中表达了对这种翻译方法的支持，他认为翻译应当保留原文的总体风格和力量，而不是机械地转换每一个单词，这种观点明确指出翻译的目的是传达原文的深层意义和情感，而不仅仅是表面的文字。这种方法让翻译作品不仅传递信息，更能激发读者的共鸣，增加文本的感染力。冯庆华在《实用翻译教程》中也对意译进行了阐述，他指出意译是一种在内容上忠实于原文，但在形式上可以自由处理的翻译方式。这意味着译者在翻译时可以根据目标语言的语言习惯和文化背景，适当调整原文的表达方式，使译文更加自然流畅，易于目标语言读者的理解。意译的应用特别适合处理那些涉及复杂文化和语言差异的文本，如文学作品、诗歌等。在这些文本中，直译可能导致译文生硬或难以理解，而意译则通过灵活的语言重构，更好地捕捉和再现原文的风格和情感。

意译作为一种翻译策略，是在直译无法有效传达原文意义或者无法符合目标语言表达习惯时采用的方法。这种翻译方式强调对原文内容的忠实传达，但允许译者在结构和形式上做适当的调整以适应目标语言的表达风格和文化背景。

中国文化的复杂性和深度，特别是在语言中体现的文化特征，往往使得直接翻译难以完全传达原意。例如，中文中充满文化内涵的成语、典故或者是带有深厚文化色彩的表达方式，在直译到另一种语言时可能会失去其文化意义和感染力。这时，意译就显得尤为重要，它不仅仅是对原文的自由转化，而是一种更深层次的文化适配和再创造过程。孙迎春在《译学大辞典》中指出，当原文的思想与译文的表达方式存在矛盾时，应优先考虑使用意译。这意味着译者在翻译过程中，应首先尝试直译，但当直译不能有效传达原文的精神或导致译文表达不自然时，应转而采用意译。意译的关键不在于简单的删改原文内容，而在于如何在不背离原文核心意义的前提下，通过创造性的语言转换，使译文既忠实又自然地反映原文的主题和情感。译者在使用意译时必须格外小心，确保译文在尊重原文内容的同时，也能被目标语言的读者所理解和接受。这要求译者不仅具备深厚的语言技能，还需要对涉及的文化有充分的了解和敏感的把握。

例如：碳中和

译文：Net Zero（carbon neutrality）

"碳中和"指的是通过植树造林、节能减排等形式抵消二氧化碳的排放量，最终实现二氧化碳的"零排放"。"碳中和"目前有两种翻译方法，若是译者将其翻译成"Net Zero"就属于意译，强调了这个过程最终达成的一个效果，即"净零耗能"，意译有助于读者立马明白"碳中和"这三个字想要传达出来的意思，形成动态对等。若是翻译成"carbon neutrality"，就属于直译，如果说对该词的意译侧重于强调"碳中和"最终的结果，那么其直译主要强调的则是"碳中和"的一个过程。

## 第二节　句法特点与翻译要领

### 一、句法特点

#### （一）使用祈使句

除了属于宣传类文本，旅游商务英语文本还属于呼唤类文本，即让读者采取行动，享受服务或者参观景点。因此，旅游商务英语文本中还往往使用祈使句，这样更能增强呼唤的效果。

例如：Take time to wander among Kazan Cathedral’s semi-circle of enormous brown columns.

译文：花些时间漫步于喀山大教堂巨大的棕色圆柱所围成的半圆形。

又如：Don’t be surprised if there’s an hour-long wait to ascend.

译文：如果等待一小时方可攀登也不要大惊小怪。

再如：Look over your right shoulder. The massive golden dome of St. Isaac’s Cathedral rises above the skyline.

译文：朝右后方看去，圣以撒大教堂巨大的金制圆顶直插云霄。

分析上述几个例子，其中都包含祈使句，如“Take time to..., Don’t be..., Look over your right...”这些祈使句的运用主要是为了起强调作用，加强语气。

### （二）使用疑问句

除了属于宣传类文本，旅游商务英语文本还属于呼唤类文本，即让读者采取行动，享受服务或者参观景点。因此，旅游商务英语文本中还往往使用祈使句，这样更能增强呼唤的效果。

疑问句顾名思义就是提出问题，让读者进行思考。旅游商务英语文本中也会应用到这种句型，这样才能引发读者的思考，吸引读者的注意力，从而起到宣传的效果。同时，旅游商务英语文本中的疑问句更像一种人与人之间的谈 话，给人一种亲切的感觉，便于与读者相贴近。

例如：Are you ready to experience at Reebok City?

译文：你准备好要体验瑞布克市了吗？

例如：Isn’t it time you treated yourself to a holiday?

译文：难道还没有到用度假来犒劳自己的时候吗？

例如：For something completely different, why not try a Club Med vacation?

译文：要体验全新的感受，为什么不试试地中海俱乐部的旅游度假服务呢？

### （三）使用复杂句

前面已经说过旅游商务英语文本中会使用简单句，以便句子更通俗易懂，起到更好的宣传效果。但是，有些旅游商务英语文本不可避免地会用到一些复杂句子，其中包含一些短语或者从句等。

例如：The shore line is unobtrusively divided into low islands fringed with black lava boulders and overgrown with jungle and the grey-green water slips in between.

译文：河岸线界限不明，划分为座座低矮的小岛，暗绿的河水缓流其间。岛上丛林茂密，大片乌黑的熔岩裸露于四周贴水一线。

上述例子中包含两个“with”引导的从句，属于一个复杂句子，但是这样的表达更能凸显宣传效果。

## 二、翻译要领

### （一）释义

释义法，旨在通过解释说明的手法，忠实且通顺地表达原文的思想、内容、意义。这种方法通过增加一些解释说明的词汇，补充完善原文的意思，以表达其在上下文中的含义。

释义法通常用于语言差异较大的情况下，当译入语难以直接表达原文的意思时，这种方法尤其有用。它可以使译文简洁明了，同时不损害对原文信息的传达。

例如：端午节那天。人们都要吃粽子。

译文：During the Dragon Festival（which falls on the fifth day of the fifth lunar month）, it is a common practice to eat Zongzi, which is a rice pudding wrapped with reed leaves.

端午节是中国的一个传统节日，西方人对此可能不是很熟悉。所以译者对此进行了释义，添加了“which falls on the fifth day of the fifth lunar month”。这样一来，便使国外游客对端午节的时间有了一个了解。另外，“粽子”也是中国传统文化所特有，是人们为了纪念古诗人屈原而在端午节那天要吃的食品。但对外国游客而言，他们根本不知道“粽子”为何物，所以译文中也对此进行了释义，把粽子解释为“一种用芦苇叶包裹的米布丁”（a rice pudding wrapped with reed leaves）。

### （二）增删

在旅游文本翻译中，由于其特殊的目的性和功能性，增译和省译成为实现有效传达的重要策略。这种方法涉及对原文内容的适当调整，以确保译文既忠实又具有吸引力和可读性，同时满足目标读者的信息需求和文化预期。

增译是在翻译过程中添加必要的词句或信息，以帮助目标语言的读者更好地理解原文中的内容。在旅游文本中，这通常包括对文化背景、历史意义、地理位置等方面的补充说明。例如，对于一个特定的旅游景点，可能需要解释其历史背景或与某一历史事件的关联，这些在原文中可能未被详细说明，但对于外国游客来说，这些信息是理解和欣赏该景点的关键。

省译涉及删减原文中那些对理解主要信息不必要或冗余的部分。在旅游文本中，去除那些可能使外国读者感到困惑或无关紧要的细节，可以使译文更加精炼和集中。这种方法特别适用于去除那些过于复杂的地方性表达、难以翻译的成语或对目标读者来说文化意义不大的信息。

例如：捉拿恶鬼的神灵钟馗，曾是古代一名书生，虽然科举成绩优异，但因其貌不扬而被拒，最后一怒之下碰死金阶。

译文：Zhongkui, one of the gods who specialized in arresting the devils, once was a legendary scholar in ancient times. He was refused a government post for his ugly appearance, although he passed the imperial examination with excellent marks. He killed himself with anger at such pettiness and stupidity.

译文中增加“imperial”来解释中国古代科举的性质，“pettiness and stupidity”也是增加的内容，更加详细具体地传达了原文意图。而最后一句“碰死金阶”，只简单地译为“killed himself”，省略了“金阶”，言简意赅，也不会影响理解。

### （三）类比

类比法，即将原文中不好理解的概念转化为读者熟悉的内容，以便于理解，使读者产生旅游和消费的欲望。

例如：四川被称为“天府之国”。

译文：Sichuan is known as “a Heavenly Kingdom”.

其中“天府之国”译为西方人熟悉的“a Heavenly Kingdom”，这样的表达更接近西方文化传统，因为“heaven”与“kingdom”都是西方人较为熟悉的概念。

再如：每当春节来临，家人团聚在一起吃年夜饭，并走亲访友。

译文：During Spring Festival family members get together on New Years Eve and eat family reunion dinner, sacrifice to ancestors or spirits then visit relatives and friends, which is the same as the Christmas in the west.

中西方文化传统有很大的差异，通过将中国的春节和西方的圣诞节类比，使外国读者更加清楚地了解春节这一中国的传统节日。

### （四）重组

在翻译旅游文本时，译者面临的一大挑战是处理中西叙述顺序的差异。中文和英文在叙述逻辑和结构上有显著不同，这种差异尤其体现在对因果关系的表达方式上。中文文本常常先陈述原因，后描述结果，这种叙述方式深受儒家思想的影响，强调过程的重要性。相反，英文文本通常先提出结果，再通过连接词如“therefore,”“thus,”“hence,”或“so”等来阐述原因，这种方式更直接，符合西方文化的直接性和结果导向。在翻译旅游文本时，遇到这种结构差异，译者可以采用重组的方法来调整句子或段落的结构，以符合目标语言的表达习惯。重组不仅仅是改变句子中词语的顺序，更涉及对整个文本逻辑结构的重新安排，确保翻译后的文本在逻辑上连贯，符合目标语言读者的阅读习惯。

实施重组时，译者应首先分析原文的整体结构和核心信息，明确哪些部分需要调整以适应目标语言的叙述习惯。例如，一个描述旅游景点历史的段落，如果原文是先介绍历史背景（原因）再描述当前的旅游状况（结果），在翻译成英文时，译者可能需要调整为先说明旅游状况，再补充历史背景，以吸引英语读者的注意力。

例如：历史文化的积淀使得北京成为中华文化的核心区。

译文：Beijing becomes the core area of culture of China because of the rich culture heritage of human beings.

句中使用了“because of”作为连接词，使原文的复杂句变为了简单句，更加符合西方人的思维方式。同样的情况也适用于活动（事件）+ 地点 + 时间。译者翻译时可将中文原文的地点和时间置于译文句末，突出主体。

## 第三节　语篇特点与翻译策略

### 一、语篇特点

#### （一）条理清晰固定

旅游商务英语文本在语篇表达上呈现了一定的特点，具体来说就是条理清晰、主次分明。以旅游手册为例，其主要介绍的是旅游景点、交通、住宿、餐 饮等信息，是一种描述型、信息型文本，一般由标题、口号与正文构成。

标题部分是对正文的总括，语言上要求简单、清晰，让读者一目了然，即一看就能够了解其内容与特色。因此，旅游商务英语文本中的标题一般具有概括性与简洁性。一般来说，其标题命名的形式多样，有的以旅游目的地命名，有的以目的地辅以概括性语言命名，有的则以旅游机构命名。

例如：Biking & Hiking

译文：骑车游与徒步游

再如：The Solomon Treasured Islands of Melanesia

译文：美拉尼西亚所罗门群岛旅游手册

口号部分类似于广告语，语言要求具有鼓动性，并且要保证言简意赅，将目的地的差异性、旅游设施的特殊性加以展现，因此旅游商务英语文本的口号一定要保证简洁，便于激励人们，吸引人的注意力。

例如：A World You Never Knew Still Existed

译文：一个你从未听说但存在的地方

再如：The Way Life should be...

译文：生活理应如此……

正文部分是旅游商务英语手册的重要部分，一般包含几个部分，每一个部分都有专门的标题，这些标题主要是对目的地及旅游相关事宜的介绍。旅游商务英语手册的正文一般要遵循如下几个步骤。

其一，有关旅游目的地或旅游设施的评价性语言。

其二，旅游目的地或旅游设施的历史简介。

其三，以导游的形式介绍主要景点。

其四，实用细节信息，如地理位置、交通、联系方式、价格等。

其五，规章制度，如禁止拍照、禁止给动物喂食等。

以上的每一步都有其交际目的，通过一系列的语言特点来实现。

例如：

## 10 Days, England, France, Italy
## Easy Pace London, Paris & Rome

This tour is for the independent traveler who wants to spend time in three of Europe’ s most renowned capital cities: London, Paris & Rome. A comprehensive half-day sightseeing tour of each city is included to introduce you to the famous sights and attractions, and there is also ample time to explore at your leisure. You will also enjoy the added benefit of travelling by Eurostar—the high-speed train service between London and Paris- and overnight sleeper train from Paris to Rome.

DAY 1—SUN—DEPART USA

Overnight flight to London.

DAY 2—MON—ARRIVE LONDON

After checking in to your hotel, the afternoon is yours to relax or explore this immense metropolis steeped in history and tradition. Spend the evening at an informative meeting and enjoy a Welcome Drink with your local host.

DAY 3—TUE—LONDON SIGHTSEEING

Your first full day includes a sightseeing tour of London’ s West End. See Westminster Abbey, the Houses of Parliament, the Elizabeth Tower, then drive past.

Downing Street to Trafalgar Square and Nelson’ s Column. Finally, witness the Changing of the Guard at Buckingham Palace. Your city tour ends in the heart of the West End where the afternoon is yours to visit the museums, shop in the department stores or see a show at one of London’ s theatres.

DAY 4—WED—LONDON AT LEISURE

Today is at leisure to further explore London or for sightseeing further afield. Maybe enjoy a half-day tour to Royal Windsor Castle or a full day excursion to Stonehenge and Bath.

DAY 5—THU—LONDON—PARIS

Meet your Tour Director who will escort you to St Pancras Station to take the Eurostar to Paris. After a journey of just two-and-a-half hours, passing through the famous Channel Tunnel en route, arrive in Paris and transfer to your hotel. The afternoon is yours to explore this romantic city. Consider taking an optional tour of the sparkling Paris illuminations at night.

DAY 6—FRI—PARIS SIGHTSEEING

An included sightseeing tour shows you the highlights of the city, including the Eiffel Tower, Arc de Triomphe, Opera House, the immense facades of the Louvre and the captivating 13th century Gothic Notre Dame Cathedral. The afternoon is set aside for you to explore Paris at your own pace. Don't miss the chance to visit one of the world-famous cabaret shows for an evening of excitement and glamour.

DAY 7—SAT—PARIS AT LEISURE

The riches of this great capital are yours to discover today: take the funicular up to the bohemian painters' quarter of Montmartre and to Sacre-Coeur Basilica. Or dedicate the day to the huge collections of the Louvre or a tour to magnificent Versailles. Don't forget to buy last-minute presents and souvenirs in the grand department stores.

DAY 8—SUN—OVERNIGHT TRAIN TO ROME

Another free day in Paris. Why not visit impressionist painter, Claude Monet's house and gardens? This evening, we bid farewell to our Tour

Director and depart for Rome on our comfortable overnight train with sleeper compartment.

DAY 9—MON—ROME SIGHTSEEING

On arrival, meet your local host for a guided tour of Rome: see St Peter’s Basilica in the Vatican City, the Forum and Colosseum. Then there’s time for you to explore Rome at leisure. A must for art lovers is the treasures of the Vatican Museum and the Sistine Chapel.

DAY 10—TUE—RETURN TO USA

The tour ends after breakfast.

译文：

**英国、法国、意大利10日游**

**伦敦、巴黎、罗马轻松游**

这条旅游线路是为那些想游览欧洲的伦敦、巴黎和罗马这三大著名都市的自主旅游者设计的。其中包括每座城市半天的观光游，带你参观著名的景点，之后给你充足的自由游时间。你还将搭乘伦敦与巴黎之间的高速列车—欧洲之星，以及从巴黎到罗马之间的夜间卧铺列车。

第一天（星期日）美国出发

乘坐飞往伦敦的隔夜航班。

第二天（星期一）到达伦敦

入住酒店。下午休息或自行游览有着丰厚历史和传统积淀的伦敦大都市。晚上有一个信息发布会以及享用当地接待人员为你举办的欢迎酒会。

第三天（星期二）伦敦观光游

全天游览景点包括伦敦西区、威斯敏斯特教堂、国会大厦、伊丽莎白塔、唐宁街、特拉法尔加广场、纳尔逊圆柱、白金汉宫卫兵交接班仪式，最后回到伦敦西区的中心地带。下午是自由游览时间，你可以参观博物馆，到百货商场购物，或到伦敦剧院观看演出。

第四天（星期三）：伦敦休闲游

今天是继续自由探索伦敦或到更远的地方观光的时间。你可以用半天的时间游览温莎城堡，或用一整天的时间游览史前巨石阵和巴斯。

第五天（星期四）：伦敦—巴黎

与导游会合，到圣潘克拉斯火车站乘坐欧洲之星到巴黎。经过仅仅两个半小时的行程，途中穿越著名的英吉利海峡隧道，到达巴黎，入住酒店。下午自由游览这座浪漫之都。晚上可以考虑观赏巴黎绚烂的夜景。

第六天（星期五）：巴黎观光游

游览景点包括埃菲尔铁塔、凯旋门、歌剧院、卢浮宫、巴黎圣母院。下午是自由探索巴黎的时间。晚上不要错过观看 世界著名的歌舞表演，为你一天的行程再增加一份魅力和刺激。

第七天（星期六）：巴黎休闲游

今天是你发现这座伟大都市丰富宝藏的时候：乘坐缆车到达蒙马特尔，观赏波希米亚画家们的公寓和圣心堂。或者用一整天的时间欣赏卢浮宫的收藏，或游览辉煌壮丽的凡尔赛。不要忘记最后一刻在大百货商场购买礼品和纪念品。

第八天（星期日）：乘坐到达罗马的夜间火车

又是在巴黎自由游的时间。为什么不去参观印象派画家克劳德·莫奈的住所和花园？晚上我们与导游告别，乘坐舒适的卧铺火车到罗马。

第九天（星期一）：罗马观光游

到达后，当地导游接车，带领参观罗马。游览景点包括梵蒂冈的圣彼得教堂、古罗马会议广场和圆形大剧场。然后是自由探索罗马的时间。梵蒂冈博物馆和西斯廷教堂是艺术爱好者的必看之地。

第十天（星期二）：回到美国

早餐后结束行程。

从上述例子很清晰地看出，“英国、法国、意大利10日游”为这则旅游商务英语文本的标题，而且每一部分都有一个相对应的标题，表达的是该部分的主要信息，这样可以让读者很清晰地了解与把握。

### （二）表达准确具体

旅游商务英语文本的形式与内容是多种多样的，如旅游指南往往属于描写型的，因此用词较为明白、生动；旅游广告属于召唤型的，语言往往有创意、短小精悍；旅游合同是契约型的，往往要求用词规范、程式化；旅游行程是信息型的，用词往往要求简略、明了等。伍峰等人指出：“就整体而言，旅游商务英语文本具有通俗易懂、短小精悍、生动活泼、信息量大的特点，同时其也具有艺术性、文学性与宣传性。”[①] 很多时候，旅游指南、旅游广告等都是合二为一的，这样使旅游商务英语文本成为集食宿、游览等为一体的文本，起到了很好的宣传效果。

## 二、翻译策略

### （一）重视旅游地点相关名称的翻译

在开展旅游英语翻译的过程中，需要充分重视地名的翻译。由于地名的翻译具有一定的特殊性，常用的技巧及原则无法充分发挥实际作用，主要涉及的地名包括专有名称及通用名称，其中专有名称主要有河南、北京等，而通用名称主要有省、市、江以及河等。如果使用的专有名称在两个音节以上，需要以拼音的形式译成英语；而通用名称则需要结合具体意思开展翻译工作。如可以将“杭州市”译成“Hangzhou City”，而“浙江省”可以译成“Zhejiang Province”。而对于旅游景点的翻译，不存在统一的规定，但是如果旅游地点的名称属于专有名称，则需要将

① 伍峰，何庆机．应用文体翻译：理论与实践[M]．杭州：浙江大学出版社，2008：319.

音节及国外的读法进行有机结合，将名称中的“湖”和“山”等翻译出来，如“钱塘江”可以译成“Qiantang River”。同时，需要注意在相同的地区应该保证名称翻译的统一性，以免在实际应用中出现分歧和误解。

### （二）学会旅游英语翻译的灵活变通

在利用汉语对景色进行描绘时，可以利用的词汇较多，同时可以利用排比以及对偶等修辞手法，但是在翻译以上文本时存在一定的阻碍，多数情况下会采用意译的方式。如果对每一句话或者词义进行逐一对照翻译，不仅无法将原意充分表达出来，还很容易被曲解。如“移步换位”不能译成“take a step and the scenery will change”，正确的译法是“a different view with every step”。需要结合中外存在的文化差异，深入了解实际情况及需求，尽量做到让国外游客可以正确理解翻译内容，进而达到弘扬中华优秀传统文化的目的。虽然很多汉语词汇具备较强的美感，但是在翻译过程中需要避免出现辞藻堆砌的情况，改变传统的逐字逐句的翻译方式，学会在实际翻译的过程中灵活变通。①

### （三）在翻译中突显景区的文化特征

#### 1.增强历史典故的合理翻译意识

针对来自国外的游客，不同地区的旅游活动拥有一个共同的特点，就是体验当地的风土人情及历史文化，以上内容也是旅游翻译工作中需要关注的重点。如苏州寒山寺的始建时期是梁朝，而寒山寺在太平天国运动时期被损毁，如今屹立的寺庙是后期重新修建得来，而“寒山寺”这一名称最早源于唐朝其名称由和尚的名字得来，此寺庙出名是因一首诗的出现，即《枫桥夜泊》。但是在旅游英语翻译中，部分导游由于缺乏专业性，采用直译的方式，完全按照字面意思进行翻译，即“Cold

① 穆媛莉．旅游英语语言特点及其翻译策略探究[J]．校园英语，2017（5）：239.

Mountain Temple”，这样不仅无法表达其具备的历史意义，同时容易使游客误解，正确的译法是“Hanshan Temple”。

2. 加强对民俗风情的表达

很多国外的游客来中国旅游的主要原因是钟情于中国的民俗文化，如在中国的传统节日当中有中秋节和端午节，即“Mid-Autumn Day”和“Double-fifth Day”。国外将以上两个节日称为“Moon-cake Festiva1”和“Dragon-Boat Festiva1”出现以上翻译主要是因为，一位国外游客看到中国在以上两个节日分别食用月饼以及举行龙舟大赛。以上两个节日具备很强的代表性，能够有效传达中国传统的民俗民风，并且帮助国外游客了解中国历史。在开展旅游英语翻译工作时，工作人员需要深入了解和研究相关的文化历史意义，让游客可以理解中国传统文化的内涵。

# 第七章　旅游英语文化翻译实践

本章旨在深入探讨旅游英语文化翻译的技巧与实践。在这一章中，我们将首先关注导游词与旅游广告的翻译，分析如何在传达旅游信息的同时保持语言的吸引力与文化敏感性。然后，我们将探讨公示语与景点解说词的翻译策略，以确保游客在游览过程中能够准确理解并体验景点的文化内涵。最后，我们将以广西桂林为例，具体探讨旅游英语文化翻译在地方旅游推广中的应用。

## 第一节 导游词与旅游广告的翻译

不管是在国内还是在国外，在旅游英语中导游词与旅游广告的作用是不可或缺的。当前社会，旅游景点要想提高自身的影响力，一个十分有效的工具便是导游词与旅游广告，它们有助于赢得旅游者的认可。基于此，本章就旅游英语中的导游词与旅游广告进行分析，以更好地展开翻译。

### 一、导游词的翻译

众所周知，翻译是两种语言沟通的桥梁，导游词的翻译在旅游英语文化翻译中非常重要。导游词翻译的好坏会直接影响导游对旅游景点的介绍。基于此，本节就来探讨旅游英语文化翻译中的导游词翻译。

#### （一）导游词概述

就结构上来说，旅游导游词主要包含如下三个部分。

1.迎宾词

所谓迎宾词，即导游用于对游客进行欢迎的开场白。首先，当见到旅客团队的时候，导游需要向他们介绍自己的基本情况，表达自己能够为他们贴心服务。并且，在旅游过程中，希望大家都能够配合自己的工作。

迎宾词是导游词的第一项内容，是旅客开始游览之前听到的信息，因此这部分信息应该保证清晰、简洁、自然。另外，为了方便游客理解，迎宾词应该多采用简单句，这样才能为游客留下良好的第一印象。

2. 旅游导览

旅游导览是导游词的核心部分，应该凸显如下几点内容。

（1）旅游导览应该能够为游客提供与景点相关的内容，如自然景观、地理位置、历史文化等。在用语上，旅游导览应该保证灵活性与简单性，这样才能便于游客理解与把握。

（2）旅游导览应具备帮助旅客享受美的特质，尽量在用词、用句上将美的特性体现出来。

（3）旅游导览应该能够彰显现场感，让游客能够真正地身临其境，一般会使用“here”、“now”等词汇。

3. 欢送词

在导游词中，欢送词是对本次旅行的一种总结，其一般包含如下几点内容。

（1）对本次旅游活动进行回顾。

（2）对游客的理解与包容进行感谢。

（3）希望下一次还能合作，并为他们继续提供优质的服务；第四，祝愿游客归途愉快。

### （二）导游词的语言特征

1. 知识性

旅游景点中涉及历史、地理、建筑等多方面丰富的内涵。因此，为了保证导游对景点更精彩的讲解，导游词中要不乏知识性，这样才能为旅游者提供充足的信息。

例如：This section of the Millennium Park is called Wrigley Square. The monument at the north end of the square is the Millennium Monument. It takes the form of the classical Greek Peristyle, with 24 Doric-style columns.

译文：千禧公园的这个区域被称为莱格雷广场。广场北面的纪念碑就是千禧公园纪念碑。它采用古希腊的列柱走廊形式，共有 24 根多利安式圆柱。

本例对景点在建筑方面的特征进行介绍，不仅丰富了旅游者的知识，也很容易激发旅游者的好奇心。

2. 美感性

在旅途中，旅游者往往希望获得美的感受，因此导游词中要添加一些美感的词语，具体体现在词汇、句子等多个层面。

例如：You'll want time to lounge on the beach and play in the water, and to enjoy moments like sitting by the harbor in the late afternoon, enjoying the views as the yachts glide by. Absorbing Bermuda's beauty at your own pace, and stopping to chat with the occasional islander, is really the point.

译文：你将需要时间，懒洋洋地躺在沙滩上，在水中嬉戏。你需要时间来享受这样的时刻：傍晚时分，静静地坐在海港边上，欣赏游艇快速滑过的亮丽风景。以你自己的节奏陶醉在百慕大的美景之中，时不时地停下来与岛上的居民聊天，这才是真正有意义的事情。

本例不仅使用了"in the water"、"by the harbor"、"in the late afternoon"等具体名词，还使用了"lounge"、"glide by"、"chat"等具象动词，这便于在旅游者头脑中形成美的景点想象，并获得一种形象美与意境美。

3. 口语化

为了达到交际的目的，导游词应保证简洁明了，让人容易理解，这样才能为旅游者传递服务信息，因此，很多时候导游词具有口语化的特色。

例如：Hello! Welcome to the breathtaking town of Suffolk. My name is John Locke and I’m the gatekeeper here at Vir-Ren Castle. I’d like to take you for a tour of the beautiful Vir-Ren Castle here in Suffolk. We townsfolk are quite proud of her...

译文：大家好！欢迎来到激动人心的萨福克郡。我叫约翰·洛克，是维伦城堡的看门人。我将带领大家游览萨福克美丽的维伦城堡。我们萨福克市民为这座城堡感到非常自豪……

本例使用了通俗的语言、简单的句法，并且在多处使用了口语化的表达，便于拉近与旅游者之间的距离。

### （三）导游词的翻译策略

1. 增词

所谓增词，是为了让读者理解导游词中的某些词或者词组，这时候就需要增加一些相关的知识，并不是字面意思。在旅游资料中，增词法主要是对一些人名、地名、典故等展开说明。这是因为旅游导游词中涉及这些内容的时候，要是对该国文化有所熟悉的话就很容易理解，但是其他国家的人如果不了解，那么就会产生困惑，如果不进行说明，那么译文读者就会感到莫名其妙。

例如，为了让外国游客对中国的风土人情、人文历史有所了解，我们在翻译时可以在原文的基础上增加一些说明的信息，如在介绍“吊脚楼”这一极其富有民族风情的词汇的时候，如果仅仅翻译为“Diaojiaolou”是很难让外国游客理解的，这时候就需要增加一些补充解释，如“Diaojiaolou（Suspended wooden houses built on stilts）”，这样才能让外国游客对吊脚楼有所了解。

2. 加注

所谓加注，就是对原文中难懂的词句进行解释的方式，或者将具体的时间指明，并用括号将这部分内容括起来。这种加注的形式是为了让读者了解其意义，使译文更富有趣味性。

例如：苏东坡手书“云外流春”四个大字。

译文：Yun Wai Liu Chun（Beyond clouds flows spring）written by Su Dongpo（1037-1101）, the most versatile poet of the Northern Song Dynasty（960-1127）.

译文使用加注的形式对“云外流春”以及苏东坡进行了解释和说明，增加了年代、朝代等内容，这样就让外国游客就更容易理解了。

3. 删减

中国人写文章的时候希望进行考证，会引用一些名人名言来使自己的观点更具有说服力，也使自己的文章更富有文采。但是，这对于西方人来说是很难理解的，甚至被西方人认为是画蛇添足。他们更注重对风土人情的了解，而不是进行考古。因此，在翻译时，译者在不影响原文意义的基础上，应该将那些多余的成分删除，这样才能使译作更为明快。

例如：这些山峰，连同山上绿竹翠柳、岸边的村民农舍，时而化入水中，时而化入天际，真是“果然佳胜在兴坪”。

译文：These hills and the green bamboos and willows and farm houses merge with their reflections in the river and lead visitors to a dreamy world.

在译文中译者删去了诗句，并对“岸边的村民农舍，时而化入水中，时而化入天际”做了些调整，把汉语原文的诗情画意变成了译文的直接明了。

4. 解释

所谓解释，就是用别的词汇或者句子，尤其是用让对方容易理解的词汇或者句子来翻译。

例如：把西湖比作西子。

译文：Compared the West Lake to Xizi, one of the most beautiful women in ancient China.

在中国人眼中，“西子”就是“西施”的意思，但是外国人不了解这个人，很难将西湖的美景与西施这四大美女之一的美相关联。因此，上述译文就用解释的形式来进行翻译。

5. 类比

所谓类比，就是将中国的事件、历史等与西方的相类似的事物进行比较，用类似的事物进行说明，这样便于对方理解与把握。

例如：张家界，相传汉代留侯张良隐居于此而得名。

译文：Local story said that Zhangjiajie was named after Zhang Liang, a lord in the Han Dynasty（202 BC-AD 220）, who lived here in seclusion.

原文中的“汉代”，译文中采用通用的公历轻松地将信息传递给译语读者。

## 二、旅游广告的翻译

随着经济全球化的发展，世界各个国家之间的跨文化交流日渐频繁，而旅游作为一种跨文化交流的常见形式，可以让人们在游山玩水的过程中感受异国文化。因此，旅游有着独特的文化内涵。而游客要想了解异国的旅游文化，首先就需要通过旅游广告，其可以有效传递旅游景点信息与跨文化知识，是推动旅游业发展的一个重要层面。并且，旅游广告的翻译也非常重要。本节就来探讨旅游英语文化翻译中的广告。

### （一）旅游广告概述

1. 定义

据考证，“广告”一词来源于拉丁文中的“advertere”，意思是“唤起大众对某种事物的注意，并诱导于一定的方向所使用的一种手段”。目前，国内外学者对“广告”一词的解释各不相同，所以要为“广告”下一个确切的定义是很难的。

美国广告协会将广告定义为：广告是付费的大众传播，其最终目的是为传递情报改变人们对于广告商品的态度，诱发其行动而使广告主得到利益。

《简明不列颠百科全书》关于广告的定义：广告是传递信息的一种方式，其目的在于推销商品、劳务，影响舆论，博得政治支持，推进一种事业……

2. 分类

广告的种类很多，但从整体上可以归为两大类，即商业广告和非商业广告。商业广告通常是由企业、公司等经济组织推出的以促销为目的的一种广告，而非商业广告则是由政府部门、宗教团体、慈善机构、个人等非营利组织推行的公告、启示、求偶、寻人等广告。

按照地理分类，广告有国际广告、全国性广告、区域性广告和地方性广告；按照客户分类，有消费者广告和企业广告；按照媒体分类，有印刷广告（包括报刊等）、电子广告（包括广播、电视、网络等）、户外广告和邮寄广告等。

3. 基本结构

一般来说，一则广告通常由文字和非文字两个部分组成。文字部分主要包括广告的标题、正文、口号和附文；而非文字部分主要包括插图、色彩、外缘和版面设计等。下面就对广告的文字部分进行研究。

（1）标题。广告的标题是广告的核心部分，一般要选用较大的字体，并放置于广告的醒目位置，以引起消费者的注意。标题通常又包含引题、正题、副题三个部分。引题位于正题前面，是广告正题的引言，起到引起话题的作用，一般不含重要信息。正题是标题的主体部分，也是广告的重心，它集中了广告文案的最重要的信息。广告正题一般用比引题和副题大的字体来加以突出。副题通常是进一步说明，或者是对正题提出问题的解答，具有进一步丰富正题的作用。

一则好的广告标题需要具备四个特征：①位于广告的醒目位置；

②迅速引起无目的阅读和收看的受众的注意；③诱使目标受众进一步关注正文；④直接诱发产生购买行为。

广告标题位于广告的最顶端，字体也是最大的。标题在书面广告中具有非常重要的作用，一般有以下两种形式的标题。

其一，新闻标题型。这是一种像新闻报道一样的标题形式。它通常会报道新型的商品或者旧商品最新使用方法。大多数人都喜欢追求新事物，而这类标题就是从人们最感兴趣的特点入手，增添了很多吸引力。

其二，直截了当型。该形式针对生活中人们很多未能得到满足的需求，直接抓住问题所在，给出解决问题的方法。采用此形式应尽量使用疑问句或祈使句。

例如：

Discover the wonder of your fist Dash wash!（Dash 洗涤剂）

What MORE for your money?（More 香烟广告）

How to pick cottons that stay pretty?（Sanforized 服装广告）

（2）正文。广告正文就是广告文案中处于主体地位的语言文字部分。正文也是广告最重要的组成部分。它的主要功能：对广告的主题展开解释或说明；将在广告标题中引出的广告信息进行较详细的介绍；对目标消费者展开细部诉求。广告的正文可以使读者了解各种他们希望获得的信息，使他们在正文的阅读中建立对产品的兴趣、信任，并产生购买欲望，从而促使购买行为的产生。可见，广告的正文具有明显的信息性和劝说性。

正文没有固定的模式，可以根据商品的性质、广告的目的随心所欲地使用各种文句；体裁上可以用小说体、论述体等；语体上可以用口语体、书面语体等形式。正文的内容可以使用两种类型，即感情型和理智型。前者是激发人的感情和情绪的，而后者旨在刺激理性和理智方面的东西。

（3）口号。口号是广告中的主题语，即用十分精练的语句概括出一则广告的主题，起到加深印象和宣传鼓动的作用，也可以体现商品和企业的形象。

例如：

Good to the Last Drop.（Maxwell House 咖啡）

Just do it.（Nike 运动鞋）

广告的口号需要做到以下几点。

①口号的语气要显得明确肯定，积极向上。

②语句尽量短小明了，这样才能引起人们的注意并能方便大家记忆。

③要有较强的节奏感，以便消费者阅读。

④口号的语言要简洁，多用口语。

⑤广告的含义要富于竞争性，体现企业精神。

请看下面几条广告口号：

Take time to indulge.（Nestlé 冰激凌）

Absolute Vodka. Absolute Homage.（酒）

The relentless pursuit of perfection.（雷克萨斯汽车）

We integrate ， you communicate.（三菱电工）

Once is never enough.（Air France 法航）

With Independence, ambition and entrepreneurial.（Saturn 公司）

NUTRACEUTICS—Quality living for the rest of your life.（药品）

### （二）旅游广告的语言特征

1. 词汇特点

（1）使用单音节动词。单音节动词符合旅游英语广告简练、通俗、朗朗上口的特征，这类词是人们使用最多的基本动词。例如："make"、"come"、"get"、"go"、"know"、"have"、"see"、"need"、"use"、"take"、"feel"、"like"、"start"、"taste"、"choose"等。这些词的意义各不相同，有些表示商品与顾客间的关系，有些表示人们对某些商品的拥有，还有的表示人们对产品的感觉和喜爱的程度等。例如：

It always tastes better when it comes from your own backyard.

Keep a beautiful record of your World Travels.

上述两个广告词分别使用了"taste"、"keep"这些单音节动词，既加强了语气，也使句子更为简练，读起来朗朗上口。

（2）使用缩略语。许多广告还使用缩略语。现在广告费用极其昂贵，使用缩略语可以降低广告成本，节省篇幅。例如：

Take it to the 'net'！（net 是 Internet 的缩略语）

We found' em we got' em.（' em 是 them 的缩略语）

Nice' n Easy.（' n 是 and 的缩略语）

（3）使用形容词。旅游广告的目的就是将旅游地的优势凸显出来，从而将旅游者的注意力吸引过来，促使其去旅游。因此，旅游广告文体的一个重要任务在于对旅游地进行美化，这就需要运用大量的形容词。

例如：You' ll take a shine to the special privileges of the Regency Terrace. —Hyatt Regency

译文：下榻凯悦饭店，请您尽情享受特权。——凯悦饭店

再如：Kodiak, Alaska' s most mystical isle. —Kodiak Island

译文：科迪亚克，阿拉斯加最神秘的岛屿。——科迪亚克岛

在上述旅游广告中，形容词的广泛使用可以引起联想，激发旅游者

的感情和游览欲望。形容词的使用一方面反映了旅游广告语言的易读性，另一方面也显示了广告语言的倾向性。同时，形容词的比较级和最高级也经常出现，通过比较，这些广告语可以迎合消费者货比货的消费心理。

（4）使用新词。旅游广告是为了吸引旅游者的注意力，在用词上往往需要花费很多脑力。因此，旅游广告中通常使用各种手段创造一些怪词或者变异词。

例如：TWOGETHER: The Ultimate All Inclusive One Price Sunkissed Holiday

译文：二人世界，阳光假日，一站式价格

在这一为夫妻二人提供假日旅游的广告例句中，“together”中的“to”变为“two”，既取“together”之音，又取“两人”之意。这种变异拼写的使用造成一种“突出感”，可引起读者的注意，甚至迫使读者去理解词语的意义，从而有效传播产品信息，突出了一对恩爱夫妻在共享二人世界中品味假日旅游的浪漫情怀。

2. 句法特点

（1）多用并列结构。旅游英语广告为求得简洁易懂，常倾向于更多地使用并列结构，而相对来说较少使用复合结构。这是旅游英语广告在句法结构方面的一个重要特点。

例如：Come to New York and See the World

译文：来纽约，看世界

在上述旅游广告中，并列句的使用令广告显得简洁、亲切，易于为人们所接受。连续使用并列的动词词组使句子充满强烈的动感色彩，给读者以鲜明的节奏感，也有敦促消费者采取行动的功能。

（2）多用省略句。旅游广告需要在有限的时间、空间和费用内，达到最佳的宣传效果，这样才能使其所宣传的内容得到有效传递，因此旅游广告多使用省略句，不仅使句子简短明了，既可以节省广告篇幅。

例如，一则介绍意大利旅游的广告中就采取了省略这一方法，省略句既可以省略主语，也可以省略谓语，还可以省略其他成分，广告如下：

Italy, perhaps the most beautiful country in Europe. The towering Alps, the Florentine hills, the ancient ruins of Pompeii ，the great cities... Contact us, start your, Italian experience at once!

显然，上例中运用了明显的省略，并没有完全列举意大利的景点，但是采用省略，给游客留足了想象的空间，让人心驰神往。

（3）多用祈使句。在旅游广告中也经常使用祈使句，祈使句主语主要是旅游者，使得广告具有很强的说服力，有助于将旅游者的心理调动起来，激发其去旅游的欲望。

例如：Let the sun shine in your heart. Come to Bali.

译文：让阳光照耀你的心田。请到巴厘岛游玩。

上述巴厘岛的旅游广告中，通过祈使句的使用来调动旅游者采取行动，具有强烈的号召力，从而达到吸引游客去巴黎旅游的广告目的的实现。

3. 修辞特点

旅游广告语言要想具有艺术性，就必须使用一定的修辞手法进行修饰。修辞是为增强表达效果而对语言进行加工的一种活动。旅游广告文案经常运用的修辞格有：比喻、双关、仿拟、押韵、排比和夸张等。

（1）比喻。比喻作为一种强有力的修辞手段，广泛应用于广告、文学和日常交流中，其主要功能是通过建立两个不同事物之间的相似关系来增强表达效果，使语言更加生动和形象。在旅游广告语言中，比喻的使用尤其重要，因为它可以有效地抓住读者的注意力，增强信息的吸引力和记忆度。

比喻有两种，一种是明喻，直接通过比较性词语如“as”或“like”来展示两个事物之间的相似性。这种直接的比较帮助读者快速理解旅游广告所要传达的特质或情感。例如，“Exploring this city is like opening a treasure chest,”这则旅游广告采用明喻，直观地将城市的探险比作发现宝藏的惊喜，从而激发潜在旅客的兴趣。

另一种方式是暗喻，暗喻省略了比较词，直接将一种事物的属性赋予另一种事物，需要受众通过推理来抓住两者之间的相似性。暗喻在旅游广告中的应用往往更加含蓄和艺术，能够引发读者的思考和想象，从而形成更深的情感共鸣。例如，“It is paradise on Earth”，这则旅游广告将海滨度假村比喻天堂，无须多言，读者已能联想到这个地方带来的快乐、轻松的旅途。

又如：The hotel has a beautiful garden, a paradise of birds and flowers.

译文：酒店有一个美丽的花园，一个花鸟的天堂。

上述旅游广告使用比喻，将酒店的花园比作天堂，虽未言明，但是一个暗喻就展现了酒店的吸引力，赋予了酒店美感和新奇趣味性，吸引游客旅游时入住该酒店。

（2）双关。双关指同形异义词或同音异义词的巧妙运用。双关可激发受众努力去理解广告内容的含义，当游客成功解读了广告中的双关时，会产生一种愉悦和满足的情感，广告自然也就实现了劝说的功能。在旅游英语的广告中使用双关语的运用能够增添 = 趣味性和幽默感，让游客比较轻松愉悦地接受广告中传递的商业信息。

例如：

Butlin’s—the right choice.

Don’t labour the point, or be conservative in your choice, or liberal with your money.

Come to Butlin’s for the real Party.

Great Party Ahead.

译文：

布特林旅行社——您明智的选择。

想旅游不必费神似劳工党；选择旅游团不必谨慎如保守党；花费不会放任像自由党。

布特林旅游团，真正的旅游团。

我们伟大的旅游团诚邀您的加入。

上例较好地利用了双关的修辞手法。这则布特林旅行社的广告中，“labour”、“conservative”、“liberal”分别是英国工党、保守党和自由党，这里都是语意双关。“labour”有“费力”之意，“labour the point”指为找旅游公司而费心费神；“Party”也是一语双关，既可以指“政党”，又可以指“团体”（旅游团）。通过这一双关的运用，吸引游客在旅游时报名和选择该旅行社。

（3）排比。旅游广告语言中的排比修辞往往以主要信息作为排比句子的共同部分，通过信息的反复出现和各排比句对目标进行说明、赞美，以达到突出重点、深化内容、加强语气的目的。

例如：

Look into our land and discover us.

We are strong.

We are free.

We are Alberta.

译文：

游览我们的土地，就能发现我们。

我们坚强有力。

我们无拘无束。

我们是阿尔伯达。

上例是一则加拿大西部阿尔伯塔省的旅游宣传广告，对于“we are”进行重复排比，达到一种平衡匀称、铿锵有力的气势，表现了这个地区的人文特色，颇能打动人心，激发感情，吸引人们去该地进行旅游。

### （三）旅游广告的翻译策略

1. 直译法

所谓直译，指的是译作将原作的语法结构转换成相似的结构，但是词汇呈现的是一一对应的关系。简单理解，就是按照字面意思直接进行翻译。在旅游英语的译文中，直译法应该将原作的内容与形式保留下来，尤其是一些修辞手法等。

例如：旅客登记入住时，须凭足以证明本人身份的有效证件，并说明住宿原因。

译文：Guests are requested to show their own valid papers to prove their identities and to tell the reason for lodging when they check in at the hotel.

2. 意译法

由于英汉语言与文化的差异性，很多时候不可能都是直接进行翻译，而是需要舍弃一部分形式来翻译，这就是意译的手法，简单来说就是对原作的内容加以保留，但是将其形式进行舍弃。这种翻译方法具有创造性、灵活性，但是仍旧将原作的信息翻译出来，便于对方接受与理解。

例如：昆明是个美丽的地方，四季如春，万花争艳。

译文：Kunming is a charming place where spring hovers all year round and flowers of all sorts bloom in a riot of color.

3. 套译法

在旅游英语中，很多广告是借用习语、成语等来提升表达效果的。译文也可以套用一些固定的表达形式与结构，但是要做到与原作的契合，将原旅游广告的语言内涵传达出来。

例如：我们随时为您服务。

译文：We are your Men Friday.

“Man Friday”的含义是“忠实的仆人”，其源自英国作家丹尼尔·笛福的《鲁滨孙漂流记》。通过这样的套译，可以增加旅游广告翻译的文化内涵，使得译文更加有趣，游客在品味的同时能增加对该广告所宣传对象的良好印象，从而进行选择。

## 第二节　公示语与景点解说词的翻译

随着经济全球化的不断发展，跨文化交流日益频繁，越来越多的外国游客 被中国悠久的传统文化所吸引，而中国游客也想走出国门体验其他国家的异样文化，随之旅游业开始迅速发展。旅游翻译作为不同文化背景下增进不同民族相互了解和交流的媒介显得十分重要。本章主要针对旅游英语文化翻译中的公 示语与景点解说词展开分析。

### 一、公示语的语言特征

#### （一）词汇特征

1. 用词规范、准确

因为任何误解、歧义都可能误导旅游者，产生不良的后果，所以旅游公示语特别讲究用词的准确和规范。

2. 使用动词或动名词短语

鼓励旅游者采取某种行动是旅游公示语的作用。为了引起公众对这些行动的注意，旅游公示语经常使用表示“动态”意义的强制性、限制性动词短语或动名词短语。

3. 使用名词

名词也经常出现在旅游公示语中，因为其可以直接、准确地传达特定信息。

4. 使用形容词短语

为了向旅游者展示服务的性质和特色，旅游公示语还常使用形容词短语。

5. 使用缩略语

为了节省篇幅或使文字更加醒目，旅游公示语中经常使用缩略语。

6. 禁用生僻词

为了增加传播的效果，并且考虑到多数旅游者的文化水平，旅游公示语禁止使用术语、古语、生僻词语等，一般使用大众化的词语。

### （二）句法特征

1. 使用现在时态

旅游公示语的作用是对旅游者在特定范围内的行为进行强制、限制、提示或指示，所以经常使用现在时态。

2. 使用祈使句

旅游者是旅游公示语直接面对的对象，但旅游者一般都是行色匆匆，所以祈使句的使用可以让公示文字看起来更加明朗、醒目。

## 二、公示语的翻译策略

### （一）直译

在翻译旅游公示语中的名词短语时，译者可以运用直译策略。如果在旅游公示语中，名词处于中心词的位置，那么译者在翻译时应对名词前后的分词、形容词等进行灵活处理，以便于译入语读者的理解。

由动词短语或动名词短语构成的旅游公示语在英汉两种语言中具有基本相同的功能，翻译时一般直译。

要翻译旅游公示语中的缩略语，也可以采用直译策略，但译者要注意应将其译为汉语的完整表达，以使读者理解其真实含义。

### （二）意译

如果将旅游公示语中的形容词短语译为汉语，译者应该将其译为汉语中的动词。

### （三）功能对等翻译

一些包含中国本土意义的公示信息经过确认应该得以保留，但当英语中找不到对应表达时，可以根据功能需要选择适合的形式进行翻译。例如：

严禁随地吐痰 /No Spitting

禁止赌博 /No Gambling

### （四）准确用词，避免产生误解

在翻译汉语公示语时，译者要注意特定词语在英、美、澳等英语作为母语的国家使用中的差异，要尽可能使用国际通行、惯用的对等词汇进行翻译，避免使用生僻语汇。

例如：请让我们的工作人员为您服务。

误译：Please let our maids come to your room and serve you.

正译：Please call for room service.

### （五）与目标语表达习惯相一致

在翻译旅游公示语时，译者还要结合目的语国家人们的表达习惯。

例如：老弱病残专座

译　文：Priority Seating/Please offer seat forward of this sign to the elderly and handicapped.

## 三、公示语的翻译实践

### （一）单词、短语公示语的翻译

WC 卫生间 / 厕所
F&B 餐饮服务
IDD 国际直长途电话
Information 问询服务
Underground 地铁
Shopping Center 旅游购物中心
Ticket & Travel Centre 票务与旅游中心
Conference Center 会议中心
Food and Beverage 餐饮部
Alcohol Free Zone 禁酒区
Locker Room 更衣室
Washing Bay 洗车场
Public Toilet 公共厕所
Handicapped Only 残疾人通道
Danger 危险
No Smoking/Photographing/Parking! 禁止吸烟 / 拍照 / 停车!
Sold Out 售完
Beverage Not Included 酒水另付 / 另付酒水
Admission Free 免票入场
Open Daily 每天开放
Lost and Found 失物招领
Out of Order 因故停用
Maintenance in Progress 正在维修

Caution: Slippery Path! 小心路滑！

Restricted Height 3.3m 限高 3.3 米

Slow Down 减速慢行

Mind the Gap 当心道槽！

Keep off the Water 水深，请勿靠近！

### （二）句子公示语的翻译

原文：

（1）Please mind the step!

（2）Please don’t pick the flowers!

（3）Please Keep Off the Grass!

（4）Out of Use. Please Use the Other Doors.

（5）Don’t Walk!

（6）Don’t touch the exhibits!

（7）Do not stay close to the exhibits!

（8）Do not trespass on the railway! Penalty ￡200!

（9）This site is under 24 hours surveillance.

（10）You Can Be Prosecuted For Drinking Alcohol In Public In This Area Maximum Penalty: 500.

（11）McDonald’s is open 24 hours a day（seven days）.

译文：

（1）请小心台阶！

（2）请勿攀摘花木！

（3）请勿践踏草坪！

（4）此门关闭，请走旁门。

（5）禁止通行！

（6）请勿用手触摸展品！

（7）游客请勿靠近展品！

（8）严禁穿越路轨，违者罚款 200 英镑！

（9）本工地 24 小时在闭路电视监控范围内。

（10）在本区域公开场合饮酒罚款最高至 500 英镑。

（11）麦当劳全天 24 小时营业。

### （三）篇章公示语的翻译

原文：

（1）Price for tour guide service: RMB 50 per tour

（2）Admission charges:

Adults: RMB 30

Children（height 1.0m ～ 1.3m）: RMB 15

译文：

（1）导游收费标准：50 元 / 场。

（2）购票须知：

①门票每张 30 元，一人一票。

②儿童 1.0 ～ 1.3 米半票。

原文：

Dates: every Thursday from 11 June to 10 September

Price: adults CHF 59（with 1/2-Fare-Card）, CHF 79（without 1/2-Fare-Card）

Bookings: until 16:00 hrs on the preceding day at the Gornergrat Bahn

译文：

日期：6 月 11 日至 9 月 10 日的每个星期四

价格：成人 59 瑞士法郎（持半价卡），79 瑞士法郎（无半价卡）预订：活动的前一天 16 时之前，地点在戈尔内格拉特铁路公司

## 四、景点解说词的语言特征

### （一）语言简练

为了便于读者阅读和理解，景点解说词常会使用准确、朴实、简练的文字。此外，为了提升文本的准确性和专业性，景点解说词常会使用一些专有名词和科学术语。

例如：凤凰古城自然资源丰富，山、水、洞风光无限。山形千姿百态，流瀑万丈垂纱。这里的山不高而秀丽，水不深而澄清，峰岭相摩、河溪萦回，碧绿的江水从古老的城墙下蜿蜒而过，翠绿的南华山麓倒映江心。江中渔舟游船数点，山间暮鼓晨钟兼鸣，河畔上的吊脚楼轻烟袅袅，可谓天人合一。

译文：Fenghuang Town boasts abundant natural resources and fascinating scenery made up mountains, water and caves. Here, you can enjoy peaks in various shapes and waterfalls flying down the slopes. Magnificent mountains and clear water wind their way around the city. On the water fishing boats come and go, in the mountains the bell tolls for morning and evening and from the suspended buildings rises faint smoke. Everything is in harmony.

### （二）表述客观

景点解说词的主要目的在于对景点的基本情况进行客观的介绍，因此其不能议论也不能抒情，更不能夸张，表述十分客观。

例如：（苏州）境内河流湖泊密布，京杭大运河纵贯南北，是著名的江南水乡。

译文：With so many rivers and lakes in it and Beijing-Hangzhou Grand

Canal through it, Suzhou is renowned as “Venice of China”.

### （三）逻辑清晰

为了便于读者在短时间内对景点有一个基本的了解，降低读者的理解难度，景点解说词要具有逻辑性，而且条理清晰。

例如：In the opposite direction is the famous State Opera House, one of the city’s outstanding temples of music...Across the Ring from the opera house stands the huge Karl Church...In front of the church, a massive modernistic sculpture...At the east end of the Ring is the City Park...

译文：科门花园对面是这座城市其中一个著名的音乐殿堂——国家歌剧院……从歌剧院穿过内环路是宏大的卡尔教堂……教堂的前面是一座雄伟的现代雕塑……内环路的东端是城市公园……

## 五、景点解说词的翻译策略

景点解说词的主要目的是向旅游者传递相关信息，因此在对其进行翻译时，首先应确保译文准确客观、通俗易懂，并且具有可读性。具体而言，景点解说词的翻译可采用以下几种策略。

解说词的翻译可采用以下几种策略。

### （一）直译

汉语景点解说词常使用修饰性和描述性的四字短语，对于这类景点解说词的翻译，可采用直译策略，这样既可保留原文的形式美，也能有效传递原文的意义和精神。

例如：湖光山色，交相辉映。

译文：The lake and hills add radiance and beauty to each other.

### （二）意译

英汉文化之间的差异十分显著，汉语中的很多四字短语在译成英文后，不仅晦涩难懂，而且失去了原来的意境和美感，此时就可以尝试采用意译策略，即抛开原文形式，译出其内在含义。

例如：境内西湖如明镜，千峰凝翠，洞壑幽深，风光绮丽。

译　文：The West Lake is like a mirror, embellished all around with green hills and deep caves of enchanting beauty.

### （三）增译

很多旅游景点都承载着丰富的文化内涵，这些对于本族语来说十分熟悉，不需要过多的解释，但对于来自其他民族的旅游者来说则非常陌生，而且难以理解。在对这些景点解说词进行翻译时，就需要采取增译策略，增补相应的文化信息，从而便于读者理解。

例如：这座古老的庙宇建于唐朝，是信仰者的圣地。

译文：Built in the Tang Dynasty, this ancient temple serves as a holy site for believers, reflecting profound cultural heritage and spiritual significance.

翻译时增译了“reflecting profound cultural heritage and spiritual significance”来补充文化信息。

### （四）减译

汉语的景点解说词为了提高艺术性，在写事状物时喜欢渲染气氛或引用名句。若是不加调整地直接翻译，就会使译文啰唆累赘，因此在翻译这些景点解说词时可删除不符合目的语思维习惯、语言习惯和表达方式的字词。

例如：群山环绕之间，绿水荡漾，仿佛一幅泼墨山水画，美不胜收。

译文：Surrounded by mountains and rippling waters, the scenery is breathtaking, resembling a traditional Chinese ink painting.

翻译时减译了“仿佛一幅泼墨山水画”的冗余描述，使之更简洁。

### （五）改译

汉语景点解说词中时常会包含一些特定的古代术语，这些术语对于外国旅游者而言是十分陌生的，也是难以理解的。因此，在翻译这类术语时可采用改译策略，即将其改写成内涵相同或相近的现代语表达方式。

例如：这座宫殿曾是皇家的寝宫，有着“金銮宝殿”之称。

译文：This palace, once the imperial bedroom, is known as the “Hall of Supreme Harmony”.

翻译时将“金銮宝殿”改译为更符合英语习惯的“Hall of Supreme Harmony”。

### （六）释义

在汉语景点解说词中，一些难以理解的字、词、句或典故等是十分常见的，在翻译这些内容时，可尝试采用释义策略，即进行必要的解释，这有利于外国读者的理解。

例如：这里的石刻上刻有“麒麟送子”的图案，寓意着吉祥和子孙兴旺。

译文：The stone carvings here depict the image of “Qilin Sending a Child”, symbolizing good luck and prosperity for future generations.（Note: Qilin is a mythical creature in Chinese culture.）

翻译时对“麒麟送子”进行了释义，并添加了注释解释“麒麟”。

### （七）类比

有时景点解说词中的一些文化形象对于译入语读者而言过于复杂和陌生，直译和释义策略都不能很好地进行翻译，此时可以用目的语中的文化形象去取代原语中的文化形象，即采取类比策略。

例如：这座园林宛如江南水乡，充满了诗意。

译文：This garden is reminiscent of a picturesque water town in southern China, exuding poetic charm.

翻译时用“a picturesque water town in southern China”类比“江南水乡”。

### （八）套译

对于景点解说词中的四字短语，还可以采用套译法进行翻译，即套用译入语中相应的约定成俗的结构。例如：

动感之都 a city in move

耳目一新 a new perspective

久负盛名 long established

### （九）调整翻译

英汉语言在诸多方面存在显著的差异，因此英汉景点说明词也常采用不同的表述顺序与方式。这就要求译者依据具体语境采取调整策略，对“形象”与“意象”进行适当的调整和转换。

例如：走在古老的街道上，你可以感受到浓厚的历史氛围和独特的建筑风格。

译文：The unique architectural style and rich historical ambiance can be felt as you stroll down the ancient streets.

翻译时调整了原文的语序，使之更符合英语表达习惯。

### （十）音译加注释

汉语解说词中常会涉及由四字短语构成的景点名称，在翻译这类名称时，可采用音译加注的策略，即先音译，然后添加注释。这种翻译策略不仅能保留原文的读音形式，而且能清楚地解释景点名称的含义，利于旅游者理解。例如：

花港观鱼 Huagang Guanyu（Viewing Fish at Flower Pond）

苏堤春晓 Sudi Chunxiao（Spring Dawn at Su Causeway）

总体而言，在跨文化语境视角下对英语旅游文本进行翻译时，首先要了解旅游文本的语言特征，然后采用恰当的翻译策略，以确保译文的准确通顺。

## 第三节　旅游民俗文化及俗语文化翻译

### 一、旅游民俗文化翻译

#### （一）旅游民俗文化的定义

“民俗文化是产生并传承于民间、世代相袭的文化事项，是在普通人民（相对于官方）的生产生活过程中所形成的一系列物质的、精神的文化现象。”①

这种文化在不同社会群体中代代相传，反映了这些群体对于自然和社会环境的适应与改造，包括物质文化和精神文化两个层面，它不仅反映和体现了一个地区人民的生产生活方式和生活需求，民俗文化中都包含了特有的风俗习惯、语言表达、节庆活动、饮食习惯和宗教信仰等元素也展示了特定社会群体在长期的历史发展中形成的共同行为模式和文化积淀。

中国的民俗文化历史悠久且极具多样性，这些文化不仅展示了地域特色，也是中国丰富文化多样性的重要体现。这些独具特色的文化现象，还构成了中国宝贵的旅游文化资源。在旅游领域中，民俗文化也是景点

① 杨琳，刘怀平．广西边疆地区民俗文化翻译研究：民俗身份认同与翻译策略互补[J]．广西社会科学，2013（12）：49-52．

的靓丽风景之一，这些民俗既包括全国范围内较为统一且广为人知的节日习俗，如除夕守岁、重阳节登高、七夕乞巧等；也包括具有地域特色浓厚、传播不是很广泛的比较小众的民间习俗，例如不同地区的婚丧嫁娶礼俗以及祠堂家族文化等。随着国际旅游的增长，对景点民俗文化的翻译非常常见。

但景点中民俗文化翻译的难度远超语言的简单转换，这些文化对于异国受众来说具备非常强的地域性和异质性，大部分旅游民俗文化对于他们来说是完全陌生且不曾接触过的，因此，翻译的过程中，精准而生动的英语翻译是不可或缺的，涉及文化以及文化背后价值理念的深层传递更不可缺少。

有效的景点民俗文化翻译不仅能促进对于景点文化的理解，也能加深不同文化背景的游客对中国丰富传统与现代生活的认识，给中国旅游业发展带来众多益处。从国家层面来看，景点民俗文化的外宣翻译是实施中华文化“走出去”战略的一部分。这种战略的核心目的是让全世界的读者能够深入了解并理解中国的多元文化瑰宝。通过景点民俗文化的精准而生动的翻译，可以增强中国在国际舞台上的文化影响力和软实力。例如，将旅游景点涉及的中国的传统节日如春节、中秋节的庆祝方式、食品以及背后的文化寓意介绍给外国读者，可以增加他们对中国传统价值观和家庭观念的理解。

从地方层面来说，地方旅游景点的民俗文化翻译服务于地方民俗文化的国际交流与传播，不仅推广了地方的独特文化，也助力于当地旅游文化产业和经济的发展，可以吸引国际游客，带动地方旅游业的增长，同时也让这些地方的文化得到全球的认知和尊重。

而无效的景点民俗文化翻译不仅会导致无效文化交流，降低景点的旅游吸引力，甚至会引起文化歧义和冲突。因此，旅游景点的民俗文化翻译工作必须将包括情感、价值观及历史背景在内的深层文化意涵进行传递，确保文化的原汁原味被全面而真实地呈现给全球观众。这种跨文化的交流与理解，不仅会丰富异国受众的国际旅游体验，更为中国文化“走出去”提供了助力，为全球旅游文化的互鉴和融合奠定了基础。

### （二）景点民俗文化翻译的原则

#### 1.受众中心原则

在进行景点民俗文化的翻译工作时，一个核心的原则是要以受众为中心。对于景点民俗文化的翻译不仅仅是语言的转换，更是文化的传递和沟通，那么如何才能保证文化的有效沟通和传递呢，这就要求译者需要深入理解目标受众的文化背景、思维方式和审美倾向，选择与受众语言习惯相符的表达方式，确保翻译作品既忠实于景点原有的文化，又能被目标受众所接受和欣赏。

接受美学理论为受众中心原则提供了重要的指导思想，该理论强调译作的成功与否在于目标读者的接受程度。根据这一理论，翻译应关注读者的反应和译文的影响力，而不仅仅是源文本的内容和形式，也不仅仅站在文化强硬输出的角度，要求受众无差别理解该景点的民俗文化。相反，在景点民俗文化的翻译实践中，这意味着译者需要具备敏锐的文化洞察力和高度的语言技巧，考虑到译文的可读性和接受效果，确保景点民俗文化的翻译不仅传达信息，而且能激发读者的兴趣，使之更符合目标语言的文化习惯和审美期待，达到审美和情感上的共鸣。

中国学者黄友义提出的“外宣三贴近原则”也强化和支持了以受众为中心的翻译观。这一原则主张翻译时应贴近目标语受众的思维习惯、信息需求和审美标准。在景点民俗文化的翻译中，这意味着译者不仅要传递内容，更要在认知心理、审美情趣和语言表达三个维度出发进行细致的调适和适配，通过丰富的语言运用和恰当的文化对照，帮助受众建立起对这些民俗文化现象的直观感受，满足外国受众的期望，获得更深层次的文化理解与欣赏，从而激发受众的文化好奇心和深入探索的欲望，实现真正意义上的文化对话和交流。例如，云南傣族的泼水节是不少游客不会错过的旅游项目，富有浓厚的傣族民俗文化，傣族泼水节与泰国的宋干节（Songkran Festival）类似，标志着新年的开始，也是通过泼水这一仪式来洗去过去一年的不幸与污垢，祈求新的一年带来好运、健康和幸福。

这时，如果游客为泰国游客，那么介绍该泼水节就可以加入宋干节的对比：

The Water-Splashing Festival, is similar to the Songkran Festival in Thailand, is one of the most important and joyous occasions for the Dai people, It symbolizes the washing away of the previous year' s misfortunes and heralds the advent of a brand-new year. On this day, participants splash water on each other as a form of blessing and to express goodwill. The festival also features vibrant ethnic dances, traditional Dai cuisine, and a rich display of cultural exhibitions.

可以看到，在景点的民俗文化翻译中，通过与游客背景文化的对比，可以唤起游客对于该民俗文化的相关认知，迅速拉进与游客的文化距离，增强他们对于景点文化的接受性和理解度，提供带着“熟悉感”的旅游体验。

2. 灵活创造性原则

在旅游民俗文化的翻译实践中，由于民俗文化内容富含地域性和历史性，往往包含深厚复杂的文化内涵和深层的社会意义，直接的语言转换往往难以准确传达其文化深意。因此，译者需要在保证信息准确传递的基础上，创造性、灵活性地地调整表达方式，将多种翻译方法灵活结合，使之既保留原文的风味，又符合目标文化的接受习惯。这种灵活创造性的适应不仅体现在词汇和句式的选择上，更体现在对旅游文化背景、习俗解释以及语境翻译的灵活构造上，是确保译文既忠实原文又贴近目标文化的重要策略。

民俗文化中的诸多元素，如神话、谚语或特定的文化表达，往往难以找到精确的对应词汇。在这种情况下，译者需要灵活运用语言，创造或借用新的表达方式，使之既能反映原文的文化特色，又易于目标语言游客的理解。例如，可以采用类比、注释或补充解释的方式，将复杂的文化现象以更为通俗易懂的方式呈现，通过解释其背后的文化故事和社会意义来传达。这种方法不仅增加了译文的信息丰富性，还加深了游客对这一文化现象的理解。

成功的民俗文化翻译也需要译者对两种文化都有深入的了解和敏感的把握。在翻译中灵活地加入适当的游客或受众文化背景信息，这有助于填补源语言和目标语言之间的文化空白。这种文化背景的灵活构造不仅帮助目标受众更好地理解文本，也会增强了文化交流的深度和广度。

总之，只有通过灵活创造性地调整和重构翻译内容，使景点的翻译材料既保留原文的风格和意境，又符合目标文化的接受习惯，景点民俗文化的翻译才能够更真实、生动地将一种文化的独特魅力介绍给另一种文化的受众，从而实现旅游文化的真正交流和理解。

3. 文化认同原则

文化认同原则在旅游民俗文化翻译中至关重要，因为它直接关系到翻译的跨文化交流效果和文化传播的深度。这一原则强调在翻译过程中必须促进目标受众对旅游景点的文化内容有较深的理解和接纳，使他们不仅认知上理解，而且情感上认同。这种认同感是文化传播成功的关键，特别是在涉及独特地域和文化特征的民俗文化时更是如此。

当目标游客受众在情感和价值观上认同翻译内容时，跨文化交流的效果得以增强。民俗文化充满了特定的象征、习俗和传统，缺乏对这些元素深层次理解和适当处理可能导致严重的文化误解。通过实施文化认同原则，翻译工作帮助目标受众正确解读这些文化符号，减少误解和偏见，避免文化误解。使目标受众感受到该地旅游文化的真实性和魅力，促进更深层次的理解和尊重。

例如，在中国北方旅游中，不少游客会发现一种过年民俗现象："隔年饭"，这是中国北方的一个春节习俗，又称为"宿岁饭"或"过年饭"。在北方，有些家庭会在年前准备一盆饭，将其保留至新年期间食用，称之为"隔年饭"。这一习惯象征着"年年有余"——即希望新的一年中食物丰富，生活富裕。这盆饭通常由大米和小米混合制成，色泽金黄和洁白，代表"金银满盆"，寓意经济上的富有和繁荣。如果将"隔年饭"或"过年饭"翻译为"last year meal"或"New Year rice""New Year meal"会令外国游客不明所以，游客也没有对这种文化的认同，会不理解这到底是一种什么饭，这时翻译为 New Year's Leftover Meal 会好很多。虽然,Leftover 在英语中是剩饭，剩菜的意思，但是通过解释"剩余"与"年年有余"的"余"在发音和意思上的含义，能迅速建立起外国游客的文化认同，加深对这一旅游文化现象的理解。

The "New Year' s Leftover Meal," also known as "Year' s End Meal" or "New Year' s Meal," is a tradition in Northern China. Families prepare a special pot of rice, kept from the end of one year to the beginning of the next year, symbolizing hopes of abundance and prosperity throughout the year，because in Chinese，the word leftover has the same meaning with surplus，means yearly surplus, signifies a wish for wealth and prosperity.

可以看到，秉承文化认同原则，译者还需要应敏感地识别和尊重文化差异，避免将自己的文化偏见带入景点的译文中，同时寻找适当的方式表达源文化的独特性,提供足够的背景信息和解释，加强文化元素的解释，帮助目标游客受众理解其文化意义和情感色彩，加强文化认同的实现。

### （三）民俗文化翻译的方法

#### 1. 空缺直译法

文化空缺现象（Cultural Gap）是旅游文化翻译中一种常见现象，尤其在进行景点民俗文化的翻译时，这一现象会变得尤为突出。该现象是指在不同文化之间由于文化背景、价值观、历史、习俗或语言差异所引起的一种信息或意义的对等缺失，即当一种文化中的特定元素或概念在另一种文化中没有直接对应或等价的表达时，就会出现文化空缺。文化空缺由多种主要特征和表现形式，例如，知识和信息的缺失，即特定的历史事件、人物或地理信息在一个文化中可能是常识，而在另一个文化中则完全未知。或者某些语言特有的词汇、成语或俗语在其他语言中可能没有直接的对应词汇，这种语言结构上的差异导致直接翻译困难。由于日常习惯、礼仪、节日庆典等在不同文化中的表现形式和意义不同，虽然存在对等的词汇，但是意义和内涵可能大相径庭，也是文化空缺的一种表现。例如，中国文化博大精深，使得许多中文词汇含义丰富且多样，难以找到精确的英文对应词，这种语言的复杂性导致在旅游文化翻译过程中经常会出现意义上的误差。例如，在中国旅游的游客会发现中国多地的婚礼中的都有“跳床”习俗，“跳床”指的是在举办婚礼时，让小男孩在新婚夫妇的新床上跳跃和翻滚，这在中国被认为是一种吉祥的象征，寓意着婚姻生子、多子的含义。若直接将其译为英文的“trampoline”，显然不妥，英文中的“trampoline”则指跳床，是人进行跳跃和空中特技的运动或动作。这种文化和语境差异使得直接翻译往往难以传达原文的真正意图，如果未能正确处理文化空缺可能会导致信息的错误传达或文化信息的丢失，导致游客对该种文化的误解和交流障碍。

空缺直译法是处理文化缺省现象的一种翻译策略，它要求翻译者在面对含有旅游文化翻译的缺省时，采取直接翻译的方式处理那些在源文化中被省略但对目标文化读者而言非常陌生的信息，尽可能减少或避免因文化差异带来的理解障碍和误解，从而增强对于该地旅游文化的理解。例如，直接将“跳床”译为“bed jumping”

In Chinese weddings, there is a unique and auspicious custom known as the “bed jumping ritual.” During this ritual, a young boy is invited to jump and tumble on the newlyweds' bed. This practice is considered a symbol of good luck and is believed to bless the marriage with fertility and the prospect of having many children. This custom highlights the cultural significance of fertility and the continuation of the family lineage in Chinese society.

又如，“篝火迎亲”是我国少数民族侗族的一种传统婚俗，侗族人有在夜晚举行婚礼的习惯，迎亲队伍会沿途点燃篝火，手持火把，敲锣打鼓去迎亲，其场面既喜庆又热闹[①]。在进行这种民俗的翻译时，可以采用直译法，翻译为“welcome the bride by setting bonfires”。这种翻译方法直接描绘出活动的主要行为，即通过点燃篝火来迎接新娘，既保留了文本的字面意义，也为目标语言的读者提供了清晰的视觉图像。这种直译虽然简洁，但有效地传达了原文的基本情境，同时也让侗族的这一特殊婚俗文化得以在更广泛的语境中被了解和认识。

2. 音译法

在处理民俗文化中特有词汇的翻译时，音译法可以作为一种重要的翻译策略，在保留原词的语音特征的同时避免文化误解。音译不仅关乎语言的转换，更是一种文化的策略选择，尤其在翻译那些深具文化象征意义的词汇时显得尤为重要，适当的音译可以成为弘扬和保护民族文化身份的有效方式。以“龙”（Long）的翻译为例，这个词在中华文化中具有深远的象征意义，代表着吉祥、繁荣和尊贵。而在西方文化中，相似的词汇“dragon”通常指代一种带有负面意象的生物，如恶龙或食人怪兽，这种生物在西方传统故事中往往扮演敌对或邪恶的角色。因此，将“龙”直接翻译为“dragon”可能会引发文化误解，使得西方读者误将中华民族的象征解读为负面形象。

在奥运会吉祥物的评选中，“龙”因中外对其形象理解的差异而未

① 胡照洁．广西侗族民俗文化翻译中的文化缺省与补偿策略[J]．英语广场，2024(8)：15-19.

被选中，这反映出在全球文化语境中，对“龙”的直接翻译可能导致意义上的重大偏差。为解决这一问题，本文认为采用音译的翻译音译方案——“Loong”更为准确。这种翻译尝试保留了“龙”字的汉语拼音“Long”的发音，同时通过调整拼写形式使其更加符合英语发音习惯，避免了直接使用“dragon”的文化误区，在不损失原词发音的基础上，为目标语言的读者提供一个既熟悉又新颖的文化符号，帮助他们在自己的文化语境中建立起对该词汇的认知和感知。并且使用“Loong”而非“dragon”可以让目标受众逐渐熟悉并接受“龙”作为一种正面和尊贵的象征，而非西方传统中的邪恶存在，也更加有利于文化的传播。

然而，音译法在应用时也必须考虑其局限性，特别是在音译的词汇需要在多种语言环境中传达相同的文化象征时。音译的词汇可能需要额外的解释或文化注解来辅助理解，确保其文化意涵得以正确传达，但是再民俗文化的翻译中，使用恰当，音译法也不失为一种好的翻译法。

3. 归化法

归化法是通过调整、改编原文的内容和形式，使之符合目标语言的文化、习惯和表达方式的是一种翻译策略，旨在使源语言文本在目标语言中更加易于接受和理解。这种方法特别适用于处理具有浓厚地域特色和文化特异性的文本，如民俗文化、地方习俗等，从而增强翻译文本对目标游客的吸引力和可读性。归化法不仅能帮助目标语言的受众克服文化障碍，还能激发他们对原文化的兴趣和探索欲望。这种翻译策略增强了文本的接受度，同时保持了景点文化的独特性，建立了一作跨文化的桥梁，使得景点的民俗文化翻译成为一种双向的文化交流过程，不仅传递信息，也促进了不同文化之间的理解和尊重。

例如，张家界民俗文化中有一种“撒叶儿嗬”国家级非物质文化遗产民俗，是一种传统的祭祀歌舞①，撒叶儿嗬，为土家话，汉语意思为丧

① 杨娟．接受美学视角下张家界旅游文化外宣翻译探究：以民俗文化为例［J］．旅游与摄影，2024（6）：77-79.

歌，又称“打丧鼓”，是土家族在生产与生活中所形成的独特丧葬习俗，即用亦歌亦舞的方式悼念死者，该舞舞姿豪放，动作平稳舒缓，一些唱词中也会歌颂死者生平事迹，表达对逝者的悼念和怀念，同时安慰生者，用舞蹈的形式减免生者丧失亲人的苦楚，展现出土家人特有的乐观精神和生死价值观。经过长年的发展，已经发展为一项具有浓郁民族民间特色的传统体育运动项目，并列入第一批国家非物质文化遗产名录。

直译为目标语“sayehe”可能会失去其文化内涵和情感色彩，游客也会有点不明所以，不知道指的是什么。通过归化法可以将其翻译为“drum-beating funeral”，这不仅传达了这一传统民俗活动中的主要动作——击鼓，还通过添加“funeral”一词，使其在英语文化中与祭祀和纪念死者的活动联系起来，从而更加符合英语使用者的文化预期和使用习惯，使得游客快速了解该旅游文化信息。上面对于撒叶儿嗬的介绍，可以翻译为：The Drum-Beating Funeral, known in Tujia language as 'Sa Ye He', is a distinctive mourning practice among the Tujia people. This ritual involves a performance that combines drumming with singing and dancing to commemorate the deceased. This unique form of mourning not only comforts the living by helping to alleviate the pain of loss through its expressive dances but also showcases the Tujia's optimistic spirit and their philosophical approach to life and death. This practice has become a traditional sport and has been recognized as part of China’s National Intangible Cultural Heritage.

再如，张家界民俗“土家女儿会”，这是一个土家族青年追求自由浪漫爱情的节日盛会。在归化翻译中，可以翻译为“The Party for Tujia Girls”，这种表达不仅保留了节日的原始意图，也使其听起来更像是西方文化中的社交活动，容易被目标受众所接受和理解，避免了直接使用“女儿会”这种可能会导致误解的词汇，因为它在英语中没有直接对应的文化背景。

4. 添加注释法

添加注释法通过提供必要的背景信息解释和额外文化翻译，用于处理那些直接翻译可能难以传达的复杂文化和语境信息，帮助目标语言的游客更好地理解旅游文化的深层含义和背景。这种方法确保了景点文化特色得以保留和尊重，同时也为目标游客提供了一个深入了解和欣赏文化的窗口，增强了景点翻译文本的可读性、可理解性和文化传递的准确性。

在景点民俗文化翻译中，添加注释法尤其重要，因为很多景点的民俗活动或对象富含地域性和文化特定性，直接翻译往往无法完整传达其文化内涵。例如，在广西旅游中，游客会了解到炮龙节的民俗，“炮龙节是广西宾阳县一带汉族、壮族文化融合共生的综合性民族民间节庆，包括游彩架、灯会、舞炮龙等活动”[①]。其中的民俗“游彩架”是国家级非物质文化遗产，“彩架”是一种用于表演的技艺道具，类似于杂技中使用的装置。在民俗活动中，彩架用于游行，上面可能有装扮成各种传说人物的儿童，如穆桂英或小龙女，他们或坐或立，手持各种小道具如剑、弓、刀等。如果只使用音译“youcaijia”，对于不熟悉这一旅游文化的目标游客来说可能难以理解。通过添加注释法，可以将其翻译为“colorful parade with children on frames playing legendary figures”[②]，这样的解释性翻译帮助游客清楚地理解“游彩架”活动内容，了解旅游的文化背景。

又如，在中国的一些地区，一年中有孩子出生的家庭会举办“百家宴”，邀请邻里共同庆祝，大家在街上摆起长桌共享美食，桌子首尾相连，相当壮观。“百家宴”如果直接翻译为“a hundred family feast”，可能无法充分传达其庆祝的文化氛围。如果使用添加注释法，翻译为“a hundred-family feast, a communal celebration where families celebrate the birth of children with neighbors by sharing a long feast in the street”。这

① 韦伟斌．宾阳县非物质文化遗产名录[M]．南宁：广西人民出版社，2015：1.

② 杨秀波．中华文化走出去背景下民俗文化特色词翻译研究：以广西宾阳炮龙节为例[J]．当代外语教育，2024（1）：157-165.

样的民俗文化翻译不仅传达了活动的基本信息，还深入描绘了其社区团结和喜庆的文化背景，使得该词汇信息的额传递更加准确。也会使得游客更加了解该文化。

又如，同样是在广西宾阳县的炮龙节，在节日活动结束后，用在“炮龙”游行后留下的竹架烧火煮成的粥，称之为“龙粥”[①]，如果直接翻译为“dragon porridge”可能会引起误解，因为这样的翻译无法传达其制作过程和文化意义。通过添加注释法，翻译可以是“dragon porridge—porridge cooked by burning bamboo frameworks used in dragon parades”，可以为旅游的游客传递这种独特制作方法的背景信息，让他们更加了解这一旅游文化。“吊脚楼”是侗族传统的特色住宅建筑，属于干栏式木楼建筑。这种建筑通常具有三层，其显著特征是四周没有立在地上的支柱，楼层部分悬挑出，类似于高脚屋的结构。在进行英文翻译时，如果仅仅音译为“Diaojiaolou”，可能无法为国外游客提供足够的信息，因为这样的翻译缺乏对建筑风格和功能的描述，游客可能无法了解景点的特色。因此，在翻译时，可以将“吊脚楼”译为“Diaojiaolou（stilt-style wooden architecture with three storeys）”。这种翻译不仅保留了原词的音译，使得读者能够知晓其原始名称。这样的补充不仅帮助外国游客理解建筑的基本结构，还传达了其独特的文化和建筑风格，从而使旅游文化的传递更加全面和深入。

从以上的例子可以看出，采用添加注释的翻译策略是保持景点民俗文化原真性的有效方法，通过添加注释，翻译者可以详细解释活动的历史背景、文化意义、习俗的起源或建筑的特殊功能，这不仅能保留景点文化的原汁原味，还能展示一个地区的景点文化特色和民俗活动的独特魅力，增加他们对旅游文本的兴趣和阅读愉悦感。这些必要的注释和解释，帮助游客深入理解文化背景和细节，能够激发潜在旅游者的好奇心

① 杨秀波．中华文化走出去背景下民俗文化特色词翻译研究：以广西宾阳炮龙节为例 [J]．当代外语教育，2024（1）：157-165.

和探索欲，吸引他们亲自体验这些文化现象，从而更加欣赏和珍视这些独特的旅游文化，这种策略也对提升区域旅游形象有着积极作用，可以有效地增加该地区的国际知名度，推动其文化旅游业的发展。

## 二、旅游英语俗语文化的翻译

习语、典故是一个民族语言的精华，也是民族文化的积累。习语和典故蕴藏着丰富的文化信息，体现着民族文化特征。了解了一个民族的习语和典故，就能深入认识该民族的文化。在旅游的过程中，深入了解旅游目的地的习语和文化典故，将会使旅游更加有意义。这里将对旅游英语俗语文化，即习语、典故文化的翻译进行具体探究。

### （一）习语文化差异

#### 1.英语习语分类差异

因语言体系不同，英汉习语在分类上有着显著的差异，下面分别进行说明。

（1）名词性习语。名词性习语是以名词为中心，与其他词语进行搭配而形成的习语。例如：

castle in the air 空中楼阁

brain drain 人才流失

a marked man 成为敌人攻击目标的人

life after death 再生

a mare’s nest 骗人的东西，混乱

a thin skin 脸皮薄，顾及脸面[①]

（2）动词性习语。动词性习语的数量最多，指的是以动词为中心，与其他词语进行搭配而形成的习语。例如：

foot the bill 负担费用，掏腰包

① 刘宁，刘曼．浅谈英语习语的词性分类[J].黑龙江科技信息，2011（35）：280.

curry favor 拍马屁

promise the earth 做出不可能实现的承诺

get down to 开始认真考虑

sweep the board（在比赛中）囊括所有奖项

mark time 等待时机

poke one's nose into 干预

pick and choose 挑挑拣拣，精挑细选

（3）形容词性习语。形容词结构的习语也非常多。例如：

dog tired 疲惫不堪的

on call 随时待命的

wide of the mark 不准确，离谱

sick to one's stomach 作呕的

for real 真实的

up to the hammer 第一流的，极好的

on the level 诚实的，正当的，合法的

（4）副词性习语。副词性习语在英语中也十分常见。例如：

to the letter 不折不扣地

once and for all 一劳永逸地；一次了结地

once in a blue moon 千载难逢；破天荒地

with flying colors 出色地

2. 汉语习语分类差异

汉语习语可以根据音节数量、结构搭配关系进行分类。

（1）根据音节数目分类。按音节数目，可以将汉语习语划分为四音节习语与非四音节习语。其中四音节习语非常常见。例如：

萍水相逢

熟能生巧

助人为乐

卓尔不群

而非四音节习语属于不规则的习语，有三字的、五字的、六字的等。例如：

三字习语——莫须有

五字习语——一言以蔽之

六字习语——百思不得其解

七字习语——心有灵犀一点通

八字短语——知其不可为而为之

九字短语——不以规矩不能成方圆

十字短语——知其然而不知其所以然

（2）根据结构搭配关系分类。按结构搭配关系，可以将汉语习语分为平行习语与修饰习语。其中，平行习语包含并列关系习语、因果关系习语、承接关系习语等；修饰关系习语包含主谓关系习语、动宾关系习语、偏正关系习语等。例如：

并列关系习语——承上启下

因果关系习语——有恃无恐

承接关系习语——瓜熟蒂落

主谓关系习语——苦尽甘来

动宾关系习语——移风易俗

偏正关系习语——难言之隐

3. 英汉习语来源差异

（1）源自神话。英汉语言中有着众多的神话故事，而很多英汉习语都源自揭示世界起源、说明人生奥秘的神话故事。英语中的很多习语都源自古希腊、古罗马的神话传说。例如：

Achilles’s heel 唯一致命的弱点

apple of discord 祸根，不和之源

Pandora’s box 灾祸之根源

汉语中的很多习语也与神话故事渊源颇深，它们多出自《山海经》，有的散见于经、史、子、集等书中。例如，“夸父逐日”“后羿射日”“鲧禹治水”等出自《山海经》，“女娲补天”“嫦娥奔月”等出自《淮南子》。

（2）源自地理环境。特定的地理环境造就了特定的文化，所以文化的形成深受自然地理环境的影响。英国属于典型的岛国，其四面环海，在与海不断做斗争的过程中创造了“海的文化”。由于英国特定的海洋地理环境，英语中产生了大量与捕鱼业和航海业有关的习语。例如：

an odd fish 怪人

a drop in the ocean 沧海一粟

a pretty kettle of fish 一团糟

a cold fish 冷酷无情的人

all at sea 不知所措

make waves 兴风作浪

plough the waves 乘风破浪

high water mark 顶点

to spend money like water 挥金如土

中国地处亚洲东部，温度和水分条件适宜发展农业，所以中国的先民形成了农耕的生活、生产方式。中国地域辽阔，主要由山地、高原和盆地组成，与海的接触远不及岛国英国频繁，所以人们对海充满了幻想和敬畏之情，产生了很多表现人们这一思想、与海有关的习语，如“苦海无边”“沧海一粟”“海市蜃楼”等。

对中国百姓影响最大的还是农业，在人们的农耕过程中产生了很多与土地、农耕、牲畜相关的习语。例如，“五谷丰登”“风调雨顺”“揠苗助长”“一分耕耘，一分收获”“面朝黄土背朝天”“十年树木，百年树人”“积土成山，积水为海”“九牛一毛”“力大如牛”“初生牛犊不怕虎”等。

（3）源自文学典故。文学作品是语言的艺术，更是人类精神的载体。

它记录着特定民族的心灵文学巨匠们通过文学作品记录的精彩故事和富有教益的哲理，最终凝聚为语言的精华——习语[①]。所以，文学典故是习语的重要源泉之一。

英语中很多习语都源自文学著作和典籍。例如：

to drop mill stones 铁石心肠（源自莎士比亚的《理查二世》）

have one's pound of flesh 无情的索债（源自莎士比亚戏剧《威尼斯商人》）

never say die 不要悲观，不要气馁（源自查尔斯·狄更斯的《匹克威克外传》）

Shangri-La 世外桃源（源自希尔顿的《消失的地平线》）

All one's geese are swans. 言过其实（源自罗伯特·伯顿的《忧郁症分析》）

汉语中也有很多习语源自文学典故。例如，"辗转反侧""投桃报李"等源自《诗经》；"过犹不及""怨天尤人""道听途说"等源自《论语》；"桃园结义""身在曹营心在汉"源自《三国演义》。

（4）源自风俗习惯。风俗习惯是一种社会现象，是社会群体经过长期的共同生活而共同创造的，又为这个群体所共同遵循的生活习惯和行为准则[②]。这在饮食方面有着鲜明的体现。饮食习俗是指人们在加工、制作和食用食物的过程中形成的民俗。饮食这种社会行为不仅能满足人们的生活需求，还承载着丰富的文化内涵，形象地体现着饮食文化。

英国的地理环境和气候适合畜牧，畜牧业发达，奶食和肉食充足，面包、牛奶和奶制品是英国人的主要食物，所以产生了很多与之相关的习语。

earn one's bread 赚钱糊口

bread and water 粗茶淡饭

out of bread 失业

---

① 王梅．从英汉习语看英汉文化的异同[D]. 成都：四川师范大学，2009：22.

② 王梅．从英汉习语看英汉文化的异同[D]. 成都：四川师范大学，2009：22.

big cheese 大人物

spread the butter too thick 奉承，吹捧

a hair in the butter 棘手的问题

the cream of the crop 精华；最优秀的人或物

a piece of cake 小菜一碟，小事一桩

the milk of human kindness 人类的善良天性

high tea 傍晚茶

low tea 下午茶

以农耕和饲养业为主的生产、生活方式对汉民族的饮食结构产生了深远的影响，加上地理环境、经济发展情况、生产、生活方式等原因，形成了独具特色的中国饮食文化。中国饮食文化博大精深，大量的习语从中产生。例如：

鱼米之乡

粗茶淡饭

天上掉馅饼

生米煮成了熟饭

大寒小寒，吃饺子过年

饺子破了皮——露馅了

肉包子打狗——有去无回

挂羊头，卖狗肉

人为刀俎，我为鱼肉

癞蛤蟆想吃天鹅肉

羊肉不曾吃，反惹一身膻

萝卜白菜，各有所爱

看人下菜碟

冬吃萝卜夏吃姜

白菜萝卜汤，益寿保健康

丢了西瓜，捡芝麻粒

粗茶淡饭

三茶六礼

新瓶装旧酒

酒逢知己千杯少

醉翁之意不在酒

### （二）习语文化翻译

英汉习语汇聚了语言的精髓所在，蕴含着丰富的文化信息，同时体现出各自的特点。要对习语进行翻译，就要充分了解习语的寓意，掌握英汉习语的异同，进而采用恰当的翻译方法。下面对英汉习语文化的翻译方法进行具体介绍。

1. 直译法

直译法是习语翻译中常用的一种方法。直译法是在符合译入语语言规则的基础上，保留原文的形式和内容。可以说，直译法基本上兼顾“形式相当”和“功能对等”，很好地保留了源语的形象、风格与特色。

armed to the teeth 武装到牙齿

put oil on the flame 火上浇油

to drain a pond to catch all the fish 竭泽而渔

hide a dagger in a smile 笑里藏刀

beyond cure 无可救药

to be as easy as turning over one’s hand 易如反掌

2. 意译法

英汉文化背景存在显著差异，有些习语在翻译时无法保留原文的字面和形象意义，此时就可以采用意译法译出习语的隐含意义。意译法是一种传达原文含义和语体风格的方法，它不拘泥于原文的形式和修辞手法。例如：

take a French leave 不辞而别

like duck to water 如鱼得水

like a cat on hot bricks 热锅上的蚂蚁

keep quiet 噤若寒蝉

at the beginning of one’s career 初出茅庐

on a large and spectacular scale 大张旗鼓

3. 直译加注法

直译加注法是指在直译的基础上添加注释，这样既能完整地传达原文形象和内涵，又便于读者理解。当无法有效运用直译法和意译法翻译富含丰富文化内涵的习语时，就可以采用直译加注法进行翻译。例如：

All are not maidens that wear bare hair.

不戴帽子的未必都是少女。

注：西方风俗中成年妇女一般都戴帽子，而少女则一般不戴。该习语告诫人们看事物不能只看外表。

4. 直译意译结合法

在翻译习语时，仅用一种翻译方法是很难准确传达其含义的，将直译和意译两种方法结合起来使用，能有效传递习语的内涵。例如：

Caution is the parent of safety.

谨慎为安全之本。

To wait for windfalls.

守株待兔。

Of the thirty-six strategies, the best is running away as you have no better choice.

三十六计走为上计。

### （三）典故文化差异

同习语一样，典故也是语言的精华、民族文化的瑰宝，其反映着民族的发展历史，凝聚着民族的智慧。无论是在英语语言中，还是在汉语语言中，典故都是非常重要的组成部分。英汉语言中的典故既有相似之处，也有各自不同的特点，下面就从典故的来源方面来探讨英汉典故的文化差异。

1.源自文学作品

无论在英语中还是汉语中，文学作品都是典故的重要来源。很多文学作品中有鲜明特点的人或事都会被人们引用，最后凝聚成典故性词语。

英语中，源自著名作家的文学作品的典故有很多。例如，英语中的Shylock（夏洛克）是莎士比亚的喜剧《威尼斯商人》中的一个人物，其为人十分爱财，而且手段残忍，因此喻指既吝啬小气又心狠手辣的人。

中国历代文学作品是汉语典故的主要来源之一。而且，各个时代都有自己独特的文学创作形式，也蕴含了丰富的典故，下面举例加以说明。

源自神话故事的典故：

钻木取火

大禹治水

后羿射日

源自《诗经》的典故：

不稼不穑

蝇营狗苟

如临深渊，如履薄冰。

巧言如簧，颜之厚矣。

言者无罪，闻者足戒。

源自诸子散文的典故：

三人行必有我师

五十步笑百步

助纣为虐

智者千虑，必有一失；愚者千虑，必有一得。

源自古典小说的典故：

空城计

武松打虎

大闹天宫

刘姥姥进大观园

2. 源自历史史实

历史上发生过很多的重大事件，这些事件对当时以及后来的社会都产生了巨大影响，后来人们通过典故的形式对这些事件加以浓缩，以此来借古喻今。

西方的恺撒大帝骁勇善战，他指挥的卢比孔河一战，给后人留下了很多经典的典故。例如：

burn one’s boats 破釜沉舟，自断退路

the die is cast 木已成舟

worth one’s salt 称职

中国历史悠久，在几千年的历史长河中，经历了朝代的兴衰更替，每个特定的历史时期都给人们留下了丰富的语言财富，其中就包括记录历史人物和历史事件且寓意深刻、发人深省的典故。例如：

老骥伏枥

望梅止渴

三顾茅庐

草船借箭

偃旗息鼓

揭竿而起

草木皆兵

背水一战

3. 源自寓言故事

寓言故事是一些短小精悍的小故事，文字虽然不多，但寓意非常深刻，耐人寻味[①]。很多典故都源于寓言故事。英语中源自《伊索寓言》《格林童话》《安徒生童话》的寓言童话故事有很多。例如：

kill the goose that lays the golden eggs 杀鸡取卵，比喻为了眼前的利益而牺牲将来的利益。

to cry wolf 狼来了，比喻说谎。

the grapes are sour 酸葡萄，比喻可望而不可即之物。

ugly duckling 丑小鸭，比喻小时候难看，长大后好看，或先前不起眼，后来引人注意的人或物。

汉语中也有很多的典故源自语言故事，而且这些寓言故事多散布于古代典籍之中。例如：

买椟还珠

守株待兔

拔苗助长

画蛇添足

一曝十寒

刻舟求剑

### （四）典故文化翻译

关于英汉典故文化的翻译，具体可采用以下几种方法。

1. 直译法

直译法能充分再现源语典故的形象和民族特色，因此在翻译英汉语

① 武恩义. 英汉典故对比研究 [D]. 北京：中央民族大学，2005：40.

言中喻体和喻义相互对应的典故以及广为人知的典故时，可以采用直译法。例如：

cold war 冷战

wolf in sheep’s clothing 披着羊皮的狼

One swallow doesn’t make a summer. 一燕不成夏。

2. 意译法

意译法是指依据原文的意思，运用译入语中相应的表达方式进行翻译的一种方法。意译法虽然不能有效保留原文的文化形象，但能充分传达原文的内在含义。例如：

between Scylla and Charybdis 进退维谷

hide one’s candle under a bushel 不露锋芒

to return sth. to its owner on perfect condition 完璧归赵

to be the cat’s paws 上当，被人利用

like a fish out of water 很不自在

3. 直译加注法

由上述内容可知，典故往往蕴含丰富的文化，直译很难准确体现其文化意义。此时，就可以采用直译加注法，也就是在直译的基础上，进行解释翻译，这样既能保留原文文化特色，又便于读者理解。例如：

There is no rose without a thorn.

世上没有不带刺的玫瑰。（世上没有十全的幸福。/ 有乐必有苦。）

百步穿杨

To shoot an arrow through a willow leaf at the distance of 100 steps, which means one is extremely good at shooting.

Note: this allusion goes back Yang Youji, an excellent shooter in the Chinese Zhou Dynasty, who could shoot an arrow at a willow leaf one hundred steps away and never missed the target.

4. 套译法

套译法也是典故翻译中常用的一种方法，这种翻译方法适用于文化内涵大致相同、语言表达方式大体相似的典故。例如：

walls have ears 隔墙有耳。

kick down the ladder 过河拆桥

# 第八章　旅游英语文化翻译案例分析

笔者对桂林的各大景点进行了实地考察，分别到桂林七星景区、象山景区、芦笛岩景区、两江四湖景区（榕湖和杉湖）、独秀峰·王城景区、伏波山景区、叠彩山景区、日月双塔景区、龙脊梯田景区、漓江码头收集了景点介绍英语文本资料，发现桂林的很多知名景点都没有景点介绍英语文本，有些游客必去的景点甚至都没有中文景点介绍文本，这导致外籍游客只能以“道听途说”的方式获得景点的一些信息。

例如，作为2017年中央电视台春节联欢晚会分会场的“象山景区”，一直没有景点的中英文介绍，春节联欢晚会播出后，“象山景区”从大屏幕上走向世界，中外游客数量剧增，而2017年春节后的“象山景区”依然没有景点介绍英语文本。

另外，桂林的“芦笛岩景区”、“七星景区”、“伏波山景区”也没有中英文的景点介绍，只有一些游客须知和购票说明。“芦笛岩景区”曾荣获“国宾洞”的称号，我国的多位国家领导人曾游览过“芦笛岩景区”，美国总统克林顿访问中国时也曾前往“芦笛岩景区”参观。

“七星景区”“伏波山景区”也是游客必去的两个代表性景点，然而这些标志性的知名景点都没有配备相应的中英文景点介绍，对国际旅游名城桂林的良好旅游目的地形象造成了损害。一位来自瑞典的游客在游览“伏波山景区”时表示，他很喜欢桂林的山水，然而不了解每个景点背后的故事及文化，很期望能从景点图文描述中得到一些景点的文化背景。

因此，本章对桂林地区及其他地区的旅游英语文化翻译进行梳理，总结成功案例，分享常见问题，并提出改进建议与策略。

# 第一节　成功案例分析

## 一、桂林地区旅游文本案例

在桂林众多标志性景点中，“龙脊梯田景区”的景点简介英语文本很精彩、很贴切，传达了中文景点介绍的原意。

例如，“龙脊梯田是世界梯田原乡，龙胜梯田中经典的代表。”被当地翻译为“Longji Terrace is the classical representative of Longsheng terraces, which is Home of the World Terrace.”“梯田原乡”被翻译为“Home of the World Terrace”，既突出了龙脊梯田在世界上的影响力，也突出了龙脊梯田在梯田史上的重要性，“Home”一词在这里用得非常妙。

“龙脊是一个广泛的地理名词，因群山山脉长龙般的走向而得名。”被译为“Longji is a wide range of geographical term. It gets its name from dragon-like tendency mountains.”“tendency”一词形象地描述了几千年来山脉的发展趋势，非常贴切地传达了原文之意。

## 二、其他地区旅游文本案例

### （一）增译案例

原文：在郑州周围还有星罗棋布的古城、古文化、古墓葬、古建筑、古关隘和古战场遗址，著名历史人物列子、子产、杜甫、白居易、高拱等也诞生于郑州。

译文：Around Zhengzhou there are dotted with ancient cities, cultures, tombs, architectures, passes and battlefields from old times. Many other famous historical figures, like Lie Zi ( one of the representatives of Taoism ) , Zi Chan ( a famous politician and thinker in the Spring and

Autumn Period ), Du Fu and Bai Juyi ( great poets of Tang Dynasty ) and Gao Gong ( Prime Minister of Ming Dynasty ) etc. were also born in Zhengzhou.

这里对原文中的“古城、古文化、古墓葬、古建筑、古关隘和古战场遗址”这一系列并列短语作了简化处理，避免烦琐且不影响游客理解。并对“列子、子产、杜甫、白居易、高拱”这些历史人物稍作补充处理，如“列子（道家代表人之一）、子产（春秋时期著名政治家、思想家）、杜甫和白居易（唐代伟大诗人）、高拱（明朝内阁首辅）”，如此便会给人一种人杰地灵的感觉，对旅游地油然而生几分好感。

### （二）减译案例

原文：据司马迁《史记·五帝本纪》记载：“生而神灵，弱而能言，幼而循齐，长而敦敏，成而聪明”。可见，黄帝幼时就聪明异常，成人以后更是见识渊博，才干出众，于是被拥立为部落首领。

译文：According to Shiji ( Historical Records ) Biographic Sketches of the Five Emperors written by historian Sima Qian, Xuanyuan Huang Di was born with brilliant intellect, had a keen insight into things at a very young age, became even more honest and sincere after growing up, and was unanimously elected as the tribe leader for his great merits and virtues.

这段描写黄帝生平的源文本中引用了《史记》中的相关记载，译者面临多重挑战。首先，原文的四字结构和对仗工整是汉语文学的一大特色，但这种结构在英文中很难直接复制，因为英文的语法和句式结构与汉语存在根本差异。其次，原文中的大量修饰语和词语重叠现象在翻译成英文时确实可能导致译文显得冗长和啰唆。在这种情况下，合理的做法是简化这些表达，删除不必要的重复，以清晰和精炼的方式传达信息，同时保留原文的基本意义和文风。再者，古汉语文本经常需要现代汉语解释来帮助理解。在翻译为英文的过程中，这些解释可以根据需要进行适当删减，尤其是那些为理解主要内容而不是必需的部分。导游词的翻译应以游客的需求为中心，确保信息的有效传达而不过度负担游客。过多的专业术语、年代日期、拼音、人名和地名等细节，虽有其历史和文化价值，但可能会造成游客的信息超载。

### （三）释义案例

原文：中国人都喜欢自称“炎黄子孙”，这里的“黄”指的就是黄帝。

译文：Chinese like to call themselves “Yan Huang Zisun”, which means “the descendants of Yan Di and Huang Di”. The “Huang” here refers to Huang Di, the Yellow Emperor.

在处理文化深刻的表达如“炎黄子孙”时，采用音译加释义的方式既保留了原词的发音，也通过附加解释增强了文化传递的深度，帮助非中文背景的读者理解这一短语背后的文化含义。直接将“炎黄子孙”译为“The descendants of Yan Di and Huang Di”虽然表面上看似直接和清晰，但却失去了向外国游客介绍这一文化负载词的机会。因此，通过保留“Yan Huang Zisun”并附上其意义“the descendants of Yan Di and Huang Di”，不仅避免了解释上的累赘，还提供了对文化背景的深入了解，这种处理方式让翻译既准确又富有吸引力，能够达到雅俗共赏的效果，使得不同层面的游客都能理解并欣赏中国的旅游景观及其文化底蕴。

翻译工作涉及的不仅是语言之间的转换，更是一种文化的传递与重构。这要求译者不仅深入理解源语文本的文字信息，还需要捕捉到语言背后的文化内涵和微妙之处，确保这些文化元素在目标语言中得以有效表达。每种语言和文化都具有其独特性，因此翻译时采用的策略也应根据文本的风格和目的进行相应的调整。

李照国在《熵化·耗散·重构——汉英翻译理论探微》中强调，在翻译介绍中国文化时，特别需要注意的是如何在保持文化的系统性、完整性和原质性的同时，使其适应外国受众的理解和接受能力。这意味着翻译过程中既不能简单地迁就目标语言的习惯而削弱原文的文化内涵，也不能完全按照源语文本的表达方式进行逐字翻译，而是应通过灵活的翻译策略，达到语言的流畅性和文化的准确传达。例如，翻译中国古典文学或历史文本时，译者需要通过详尽的注释、合适的比喻，甚至是文化背景的补充说明来帮助读者理解文本中的文化引用和历史典故。这不仅涉及语言的转换，更涉及对原文进行适度的解释和重构，使其既忠实于原文，又符合目标文化的阅读习惯。

成功的翻译应当是一种平衡艺术，既要尊重源语文本的原意和风格，又要考虑目标语读者的预期和接受方式，以达到两种文化之间的有效沟通。这要求译者不仅具备高超的语言技能，更需要深厚的文化洞察力和敏感性，从而在翻译过程中做到既不“削足适履”，也不“自毁其质”[①]。

### （四）重组案例

原文：矗立在鼎坛中间的大鼎就是被誉为“帝王之重器，尊贵之象征”的黄帝宝鼎。

译文：The tripod erects in the middle of the Altar is what we called Huang Di Ding. In ancient China, ding was a symbol of imperial power.

这里在忠实原文的基础上，将原文拆分为两个句子，分别从介绍黄帝鼎的名称和位置以及鼎在中国文化中的内涵两个方面对原文进行重组，并且用简单通俗的语言传达了原文“帝王之重器，尊贵之象征”所要表达的信息，结构清晰，通俗易懂。

① 李照国．熵化·耗散·重构：汉英翻译理论探微[M]．上海：上海科学技术出版社，2008.

# 第二节 常见问题与错误分析

## 一、桂林地区旅游文本分析

### （一）语言错误

在桂林各个知名景点介绍的英语文本中，基本的语言错误屡见不鲜。例如，“叠彩山简介”中的“长寿山”被翻译成“Long Live Hill”，很明显这种翻译方式是错误的，可以翻译成“Hill for Longevity”，这样更能体现原文之意。同样，“俯瞰桂林城全景”被翻译成“take a look at the city in Guilin”，此处应翻译成“take a look at the whole scenery in Guilin”。谚语“登上叠彩山，活过一百三”被翻译为“If you often climb Diecai Hill for practice, you will lead a long life of one hundred years.”登叠彩山是为了锻炼身体，这里不应该使用“practice”一词，应使用“exercise”。

在“日月双塔”的景点介绍英语文本中，“修身养性的胜地”被翻译成“the place to cultivate the hearts”，显然“hearts”在此处是不合适的，应使用“minds”；“从未来过的乐园”被翻译成“the place you have never experienced”，“乐园”被简单地翻译成“place”，“从未来过”被翻译成“have never experienced”，此论述应该被翻译为“the paradise you have never been”。

另外，“如果没有登上日塔，那你将终生遗憾”被翻译成“Your life will be complete when you take the lift to reach the top of the Sun Pagoda.”这样的翻译容易让外籍游客误解，此处应被翻译为“You will be regretful for not reaching the top of the Sun Pagoda.”另外，“如果没有观赏到日月双塔，那将是你的一大损失”被翻译成“Your life will be complete when you visit the two pagodas.”这里应被翻译成“You will feel pity for not visiting the two pagodas.”

### （二）无端漏译

在“叠彩山”景点简介中，叠彩山的得名介绍“因山石如锦彩绸缎，层层相叠而得名”被翻译为“It gets its name for its overlaying colorful rocks.”这里显然将“山石如锦彩绸缎”一句漏译了，这导致原文之意无法完整体现给外籍游客。谚语“登上叠彩山，活过一百三”被翻译为“If You often climb Diecai Hill for practice, you will lead a long life of one hundred years.”没有正确表达原文“一百三”之意，对登叠彩山的表达不完整。

### （三）格式错误

作为国际旅游名城的桂林，如果英文景点介绍中存在大量格式错误，将损害桂林良好的旅游地形象，同时会让外籍游客觉得桂林的旅游业不规范，并对桂林的美好山水形象产生负面影响。

在“榕湖景区”的英语文本中，“werecalled Yang Pool”、“a harmonybetween tourist city and culture city”、“vividly summarized Rong Lakein Yang Pool Record: it is as picturesque as a painting”等多处单词与单词之间不留空格的错误及标点符号的错误使用，虽然不影响外籍游客对景点介绍的理解，但是会使桂林旅游业的规范性印象大打折扣。

### （四）注解缺失

受中国传统文化的影响，桂林各大知名景点的介绍喜欢引用一些知名作家的诗句来显示景点的壮美景象。然而，大多数外籍游客并不了解中国诗人，他们对引用的诗人名句没有概念，诗句的翻译不当会对景点信息的捕捉造成影响。

在“杉湖景区”英语介绍文本中，提到了诗人赵德湘对湖景的赞美“The poet Zhao Dexiang wrote a poem in praise of the scenery of the lake.”

文中仅提到了诗人赵德湘，并没有对赵德湘进行注解，中国游客都不太了解赵德湘及其对“杉湖景区”的影响力，更何况是对中国文化了解不多的外籍游客。

“榕湖景区”也存在着没有对诗人进行注解的问题。“榕湖景区”中文介绍中的“明代邝露在《阳塘记》中对榕湖的胜景做了生动的概括”，被翻译为：“Kuang Lu in the Ming Dynasty vividly summarized Rong Lake in Yang Pool Record.”外籍游客不了解邝露的文化背景及影响力，且不了解什么是“Yang Pool”，因此必须对这两处进行一定的注解。

## 二、其他地区旅游文本分析

这是一段张贴在黄帝故里景区入口醒目位置的景区介绍，下面我们通过原文和译文的对比，对其中存在的问题和错误进行简要分析。

原文：河南省新郑市是中华人文始祖轩辕黄帝的出生、创业、建都之地。黄帝故里景区位于新郑市轩辕路 1 号，汉代建轩辕故里祠，历代迭修；明隆庆四年于祠前建轩辕桥，清康熙五十四年，新郑县令许朝柱于祠前立“轩辕故里”碑。20 世纪 90 年代以来，景区多次进行扩建，面积达 7 万平方米，整体布局突出“中华之根”的主题，构成了“天、地、人”三大板块，气势恢宏，灿然有肃。

译文：Xinzheng city, Henan province is the ancestor of（错译）the Chinese ancestor Xuanyuan Huangdi’s birth, entrepreneur, found a capital of the land（逐字翻译）. Huangdi hometown scenic spot is located in Xinyuan City（错译）. Xuanyuan road 1. Han dynasty built Xuan uan（拼写错误）hometown experiment Diebu repair（胡译乱译）; Ming Longqing four years in front of the temple built Xuan YuanBridge. Qing Dynasty Kangxi fifty four four（错译）years, Xinzheng CountyXuchaozhu in the temple（逐字死译）before the “ ” monument（漏译）. Since the 90sof the 20th century, the scenic area has been expanded several times, with an area of 70000 square meters. The overall layout highlights the theme of China’s root which constitutes the “three days（乱译）, the earth and the people”, and the magnificent.

这段英文介绍充满了错误，清楚地表明了将机器翻译结果直接用于旅游翻译的风险。机器翻译虽在某些情况下是译者的重要辅助工具，但它并不能完全替代人工翻译。直接套用机器翻译结果往往会导致表达不合情理、不合规矩且逻辑混乱的情况。机器翻译在处理复杂的语言结构和文化内涵时，常常无法准确捕捉到原文的细微差别，导致错误翻译、死板翻译和不合逻辑的翻译现象频发，从而显著降低了译文的可读性和流畅性。在进行长段落翻译时，机器翻译的局限性更加明显，往往难以保持语句的连贯性和逻辑性，导致译文生硬、难以理解，缺乏正常的语言表达特征和语法结构，使得译文显得粗糙和不自然。这种低质量的翻译不仅无法有效传达原文的意思，还可能会给读者带来困惑和误解，甚至落入笑柄。

旅游景点英语翻译的规范化问题应成为相关部门共同重视并协同合作的重点工作。译者不仅需要具备扎实的英语语言知识基础，还必须深入了解英语国家的文化、风俗、历史、礼仪及常用表达。政府旅游部门应加强管理力度，健全监督机制，有效实施管理，协调成立权威监督和管理机构，专门负责研究制定旅游景点英语翻译规范，统一监管翻译质量，对旅游景点的英语翻译及使用进行审核。建议在全省各个城市成立由英语翻译专家组成的景点英语翻译理事会，专门负责翻译、校对、检查并评审辖区内旅游景点的英语翻译。政府应组织相关专家多进行调研和研讨，制定出权威的旅游景点英语翻译标准，以避免产生不规范的翻译问题。

有时，景区出现的英文介绍中的漏译、拼写错误等现象并非译者的责任，而是因印刷或排版环节的疏忽所致。因此，旅游部门还应对校对样稿的工作、户外告示及招牌的印刷工作进行有效监督。建议将标牌制作纳入规范化管理，自上而下统一要求，各个环节严格把关，杜绝不良标牌出炉，否则追究相关人员责任。通过建立健全的管理和监督机制，政府与专家团队的协同合作，以及对翻译、印刷各环节的严格把控，可以有效提升旅游景点英语翻译的质量和规范化水平，确保外国游客能够准确理解和欣赏中国的文化和风景。

## 第三节　改进建议与策略

### 一、以传播中国文化为取向

深化文明交流互鉴，推动中华文化更好走向世界。作为文化传播的媒介，旅游英语文化翻译是一种目标明确且具有深远影响的翻译活动。译者在翻译过程中需妥善处理中西文化差异，确保游客能够理解和欣赏中国各类景点的介绍。在感受美丽风光的同时，游客还应获得丰富的历史背景和人文知识，从而体验中西文化的不同之处。这种潜移默化的文化传播不仅能提升中国文化的国际影响力，还能促进中国旅游业的发展，并加强与世界各国的文化交流。

### 二、以游客为导向

旅游英语文化翻译的核心在于以游客为中心。这一原则源于旅游英语的受众特性，作为导游与游客沟通思想、传播文化知识的工具，翻译的目的在于准确传达景点信息，吸引游客继续参观。因此，翻译过程中必须充分考虑游客的文化背景、思维模式和情感体验，尽量采用游客能够接受的语言和表达方式来介绍景点景观，以确保沟通顺畅。

试想，如果导游沉浸在优美的古诗词中，却无法用准确的英文翻译将其美妙意境传达给游客，就会导致游客体验断层，导游自说自话，从而无法达到预期的效果。因此，译者在翻译时应采取适当的翻译策略，并根据受众需求进行调整，以提高译文的可接受性和可读性。

在文化方面，由于社会文化背景的差异，许多信息对目的语接受者来说可能不熟悉或难以理解。此时，译者需要采用必要的手段增强译文与游客的相关性。例如，在介绍中国传统节日乞巧节时，可以将牛郎与织女的故事比作英国的罗密欧与朱丽叶；介绍南京路步行街时，可以将其比作纽约繁华的第五大道。这种类比不仅有助于游客理解，还能提炼中华文明的精神标识和文化精髓，讲好中国故事，增加他们对中国文化的兴趣和共鸣。

## 三、主旨信息突出

旅游英语的翻译具有信息传达和诱导的功能，其目的是向游客提供有效的信息。因此，若原文的信息直译会增加游客处理新信息的负担，或不利于诱导功能的发挥，译者可以删减某些晦涩难懂且对译文无益的信息，例如复杂的古诗词或详细的历史考证信息。

由于东西方语言表达的差异，旅游英语文化翻译应简明扼要、突出主旨信息，避免冗长乏味和语言累赘。译者应重点传达核心信息，而不是为了保持原汁原味而逐字逐句翻译原文中的所有内容。这种做法往往会适得其反，甚至妨碍游客对主旨信息的吸收和理解。在翻译过程中，译者需要根据旅游的实际需求，选择性地传达信息，确保游客能够轻松理解并欣赏景点的精髓。例如，可以用简洁的语言介绍景点的历史背景和主要特色，而不必深入探讨每一个细节，以免使游客感到信息过载，从而影响他们的整体体验和游览兴趣。

## 四、多种翻译方法并用

旅游文本的受众较为特殊，这就要求译文在具备可读性的同时，还需考虑游客的接受效果，不能简单追求语言和文字的等量转换，更要关注景点背后深层次的文化信息的传达。只有这样，才能真正实现旅游文本翻译的目的。

旅游英语文本属于“信息型”文本，其主要目的是向游客传达景点的相关信息。由于旅游资料来源多样、文本特殊性和功能目的明确，译者在翻译此类文本时，应采取多种翻译方法并用，最大限度地保持旅游文本原意，同时妥善处理中西文化差异，确保译文信息传递的准确性和真实性。

在翻译过程中，译者应灵活运用直译、意译、增译、减译等多种翻译技巧。例如，对于某些文化内涵丰富但难以直译的内容，可以采用意译或增译的方法，以便游客更好地理解和接受。对于一些冗长或不必要的信息，可以进行删减，以避免信息过载。此外，译者还需根据具体情况调整翻译策略。例如，在介绍具有浓厚文化背景的景点时，可以适当补充背景知识，以增强游客的理解和兴趣；在介绍现代化设施时，可以采用简洁明了的表达方式，以确保信息的清晰和易懂。

## 五、坚持回译

旅游英语的回译方法是将中文文本翻译成英文后，再将英文翻译回中文，通过对比译文与原文的差距来确保翻译的准确性和一致性。这种方法尤其适用于处理通过直译、音译、注解等方式形成的外来语词汇，确保源语言与目标语言之间的统一。

旅游英语文化翻译是跨文化交际的一部分，不能仅凭直觉或一次性的翻译来完成。通过回译，译文可以接受原文的检验，确保传达的准确性。回译可以分为词语回译、句子回译和篇章回译，其中专有名词的回译尤为重要，特别是人名、地名、书刊文章名和官职头衔名。在翻译过程中，如果目标语言中存在多个对应词且不确定哪个更恰当时，可以采用回译法进行验证。例如，当遇到不同的翻译选项时，通过将其回译成中文并与原文进行对比，可以更清晰地看出哪种翻译更符合原意，从而最终确定最佳翻译。

## 六、保持距离

翻译时保持距离，意指在初译和二译之间、审校与复审之间，以及润饰过程中要间隔一段时间。这种间隔有助于译者暂时改变思维状态，寻找灵感，更容易发现译文中的语法错误和不当之处。这种方法的核心在于通过改变思考环境和适当休息，使得译者的思维更加缜密，从而提高翻译质量。例如，在初次翻译完成后，译者可以休息一段时间再进行二次翻译或审校。这样不仅能保持译文的新鲜感，还能以更清晰和客观的视角重新审视译文，发现和改正之前可能忽略的问题。这种方法同样适用于润饰阶段。在润饰之前，译者应先休息，暂时远离译文。休息之后，重新回到译文时，译者会发现自己能更容易发现语法错误、不当用词及其他需要改进的地方。

## 七、要有工匠精神

旅游英语文化翻译的质量可能直接影响外国游客对中国的了解和印象。因此，在翻译和审校过程中，译者应当十分谨慎，力求在遣词造句上精益求精，避免文化误解，维护国家和民族的形象。古语有云，“玉不琢，不成器”，翻译亦是如此。只有凝神聚力，精雕细琢，才能打造出高质量的译文。译者应当以工匠精神对待每一个翻译项目，关注细节，注重准确性和表达效果。每一个词语的选择、每一个句子的构建，都需经过深思熟虑，反复推敲。此外，译者应当不断提升自身的文化素养和语言能力，学习和掌握更多的翻译技巧，增强对中西文化差异的敏感度。

## 八、翻译要与时俱进

旅游翻译需要与时俱进，不仅要坚持奈达所提到的大量实践，还要积累各种类型和丰富的实践经验。译者需要不断提高中英两国语言水平，扩大知识面，接受新事物，研究新问题，进一步加强中外翻译理论的修养，用符合译入语规范和文化标准的语言形式来表达原文意义。通过不断学习和积累，译者才能灵活驾驭英汉两种语言的不同风格与特色，采用恰当的翻译策略，准确传达旅游文本的深层文化信息，吸引更多外国游客。

译者应培养多元、灵活、具体情况具体处理的翻译思维，具备足智多谋、批判性和创造性的特点。通过多样化的翻译实践，提升自身技能，增强对各种翻译问题的处理能力。持续学习中英两国语言，不断提升语言表达能力和文化理解力，广泛涉猎各类知识，增强对新事物的接受能力和新问题的研究能力。同时，深入研究中外翻译理论，提高理论素养，用理论指导实践。

译者在翻译过程中，应根据具体情况采用合适的翻译方法，确保译文符合目标语言的规范和文化标准。这样不仅能向国外游客传达出旅游文本的深层文化信息，吸引更多游客，弘扬我国悠久的历史文化，促进旅游业的发展，还能让中国进一步走向世界，让世界更好地了解中国。

## 第四节　广西桂林旅游英语文化翻译实践

旅游业是国际旅游名城桂林的支柱产业。旅游景点翻译质量的好坏直接影响旅游业的发展。随着国际旅游业的迅猛发展及智慧旅游的发展，旅游景点需要加大旅游文化的宣传和景点的推介，同时，旅游景点介绍是给游客看的公示性文字，旅游景点介绍的翻译质量要进行相应的提升，在翻译的过程中要注意翻译的语言特点，并研究翻译策略和翻译方法，为游客提供更准确的译文，树立旅游景点的良好形象，从而为桂林文化传播做出贡献。

### 一、漓江景区

漓江景区是以桂林市为中心，北起兴安岭区，南至阳朔，由漓江一水相连，是世界上规模最大、风景最美的岩溶山水游览区之一。1982 年，漓江风景区被国务院列为第一批国家重点风景名胜区。漓江景区被评定为“国家 AAAAA 级旅游景区点”。

漓江发源于兴安、资源县交界处海拔 1732 米的越城岭老山界南侧。从桂林到阳朔 83 千米的水程被称为漓江，是喀斯特地形发育典型的地段，它像一条青绸绿带，盘绕在万点峰峦之间，风光旖旎，犹如一幅百里画卷。唐代大诗人韩愈曾以“江作青罗带，山如碧玉簪”的诗句来赞美漓江。

漓江不仅有“山清、水秀、洞奇、石美”四绝，还有“深潭、险滩、流泉、飞瀑”之胜。其景观因时间、位置、气候的不同而变化。晴天的漓江特别迷人。烟雨漓江赐给人们另外一种美的享受。细雨如纱，云雾缭绕，似在仙宫。山的姿态随着观赏位置的变化不断变化。

漓江景色之奇还在山光水色之变化，在清晨，在中午，在黄昏，各有其姿，变化万千。尤其在春雨迷蒙的早晨，江面犹如浮动的轻纱，这时的山水更具朦胧美。

参考译文：

Lijiang River Scenic Area is centered in Guilin City, starting from Xing’anling District in the north and reaching Yangshuo in the south, connected by Lijiang River, which is one of the largest and most beautiful karst landscape tourist areas in the world. In 1982, Lijiang River Scenic Area was listed as the first batch of national key scenic spots by the State Council. Lijiang River Scenic Area has been rated as “National AAAAA Tourist Scenic Spot”.

Lijiang River originates from the southern side of the old mountain boundary of Yuechengling at an altitude of 1732 meters at the junction of Xing’an and Ziyuan County. The 83-kilometer water path from Guilin to Yangshuo is called Lijiang River, which is the typical section of karst landform development. It is like a belt of green silk, coiled between many mountains, with fancy peaks interlaced with banks. The beautiful scenery is like a hundred-li picture scroll. Han Yu, a great poet of the Tang Dynasty, once praised Lijiang River with the poem "River as a green belt, mountain as a jade hairpin" .

Lijiang River not only gains the four wonders of "green mountains, clear water, fancy caves, and beautiful stones" , but also has the absolute feature of "deep pools, dangerous beaches, flowing springs, flying waterfalls" . Its landscape varies with time, place and climate. Lijiang River in sunny days is very charming. Lijiang River in rain and mist gives people another kind of beautiful enjoyment. The drizzle is like gauze, and the clouds linger in the fairy palace. The posture of the mountain changes constantly with the changeable viewing position. The fancy scenery of Lijiang River varies in the morning, at noon, at dusk.

Each has its own posture, with the change of myriad. Especially in the morning with spring rain, the river is like a floating gauze. The landscape has a hazier beauty then.

## 二、独秀峰·王城景区

独秀峰·王城景区位于桂林市中心，四周环山，东边是漓江，西边是桃花江，依山傍水，是一块天然的风水宝地，是桂林最具特色、最有代表性的独一无二的国家级文艺景区，是桂林历史文化、山水文化的起源地，也是桂林城市和桂林山水的缩影。景区内有一座山峰，叫作独秀峰，它独立于桂林市中心，是桂林的群山之首，众山之王，既是王府的一座天然靠山，也是桂林的龙脉所在。共有 11 代 14 位靖江王在靖江王府居住过，历时 280 年。

"桂林山水甲天下"这句话就刻在独秀峰的摩崖上，王正功写此句的本意是勉励桂林学子努力向学，争做国家栋梁。随后，该句被世人用来赞美以独秀峰为首的桂林山水。

参考译文：

Solitary Beauty Peak Prince City Scenic Area is located in the center of Guilin, surrounded by mountains. The east of Solitary Beauty Peak Prince City Scenic Area is Lijiang River, and the west is Taohua River. It's in front of mountains and adjacent to the water and granted as a natural treasure geomancy land. It is known as the most distinctive and representative unique national literary and artistic scenic spot in Guilin. Besides, it is considered as the origin of Guilin historical culture and landscape culture, and the epitome of Guilin city and Guilin landscape. In the scenic spot, there is a mountain called Solitary Beauty Peak, which is located in the Guilin city center and the king of Guilin's mountains. It is not only a natural backer of the Palace, but also the dragon vein of Guilin. A total of 14 Jingjiang Kings of 11 generations lived in the Jingjiang Palace Scenic Spot for 280 years.

The sentence "East or west, Guilin Landscape is best" is engraved on the cliff of Solitary Beauty Peak. Wang Zhenggong wrote this sentence to encourage students in Guilin to study hard and to strive to be the national talent. Later, this sentence was used by the world to praise the scenery of Guilin, led by Solitary Beauty Peak.

## 三、象山景区

象山景区占地面积 118800 平方米，目前已被评为国家 AAAAA 级景区。在象山公园，不仅可以登象鼻山，而且可以在爱情岛上看到三山两洞、两江一桥的奇景。早在 3 亿年前，广西还是一片汪洋，动植物的遗体和分泌物不断堆积，逐渐形成了一座石山。2亿年前，地壳运动，海水褪去，呈现出一片陆地景观，而这座石山在长期的分化作用下形成了象鼻山。象鼻山代表着桂林市的城徽，其地理位置非常特别，位于漓江与桃花江的汇流处，远看酷似一头临江饮水的大象，地下水丰富，矿物质含量很高，为酿酒提供了得天独厚的条件。从宋代起，这里就是天然的酒窖，用来酿造桂林特产——三花酒。

象山景区有三宝，洞中山花、镜花水月、普贤塔。象鼻山是空的，里边面积约3000平方米。温度保持在19摄氏度，湿度保持在90%以上。象山水月洞是广西重点文物保护单位，洞中现存石刻50多件。

参考译文：

Elephant Hill Scenic Area covers an area of 118 800 square meters and has been rated as “National AAAAA Tourist Scenic Spot”. In Elephant Hill Park, we can not only climb Elephant Trunk Hill, but also see the wonders of three mountains, two caves, two rivers and a bridge on the island of love. As early as 300 million years ago, Guangxi was still a great ocean. There were remains and secretions of animals and plants accumulated continuously, which gradually formed a stone mountain. 200 million years ago, the earth’s crust moved and the sea retreated. A landscape of land emerged, and Elephant Trunk Hill formed under the long-term differentiation. Elephant Trunk Hill represents the city emblem of Guilin. Its geographical location is very special, located in the confluence of the Lijiang River and Taohua River, looking just like an elephant drinking water near the river. The groundwater is rich, and the mineral content is very high, providing unique conditions for brewing wine. Since the Song Dynasty, it has been a natural wine cellar for brewing Sanhua wine, a specialty of Guilin.

There are three treasures in Elephant Hill Scenic Spot, mountain flowers in the cave, mirror moon in the water, and Puxian Pagoda. Elephant Trunk Hill is empty, with an area of about 3 000 square meters. The temperature maintains at19 degrees Celsius, and the humidity is kept above 90%. Elephant Hill Water Moon Cave is a key cultural relic protection unit in Guangxi, with more than 50 existing stone carvings.

## 四、印象·刘三姐

印象·刘三姐坐落于风景秀丽的桂林阳朔，是国家AAAA级旅游景区，《印象·刘三姐》是由国际著名导演张艺谋精心策划的作品，导演与著名编剧梅帅元多次泛舟漓江，寻找灵感，历经3年，终于打造出大型山水实景演出。《印象·刘三姐》是一个将桂林山水、民族风情融合在一起的世界级艺术品，丰富了桂林的山水文化内涵，满足了游客追求精品的心理需求，艺术化地演绎了东方哲理的“天人合一”，增进了西方游客对华夏文明深层次的理解。方圆2千米的漓江水域和12座背景山峰，构成了迄今为止世界上最大的山水剧场，《印象·刘三姐》是全世界第一部全新概念的山水实景演出作品，集唯一性、艺术性、震撼性、民族性、视觉性于一身。

《印象·刘三姐》对广西举世闻名的山水风光、文化资源进行了巧妙的嫁接和有机的融合，将刘三姐的经典山歌、民族风情等元素创新组合，不着痕迹地融入山水，成功诠释了人与自然的和谐关系，创造出天人合一的境界。

参考译文：

Impression Liu Sanjie is located in the beautiful Yangshuo County and has been rated as “National AAAA Tourist Scenic Spot” . Impression Liu Sanjie is a creation carefully directed by the well-known international director Zhang Yimou. The director and the famous screenwriter Mei Shuaiyuan have been boating on Lijiang River for many times to find inspiration. After three years, they finally created a large-scale landscape performance. Impression Liu Sanjie is a world-class work of art that combines of Guilin ' s landscape and ethnic customs. It enriches the cultural connotation of Guilin ' s landscape and meets the psychological needs of tourists to pursue quality products. It artistically interprets the "unity of heaven and man" of Eastern philosophy, and enhances Western tourists ' deep understanding of Chinese civilization. Lijiang River with a radius of 2 kilometers and 12 background peaks constitute the world' s largest landscape theater so far. Impression Liu Sanjie is the world' s first real landscape performance work with a new concept, integrating uniqueness, artistry, shock, nationality and vision.

Impression Liu Sanjie cleverly combined and organically integrated Guangxi' s world-famous landscape and cultural resources, integrating Liu Sanjie' s classic folk songs, ethnic customs, and other elements into the landscape without trace, successfully interpreting the harmonious relationship between man and nature, creating a realm of harmony between man and nature.

## 五、龙脊梯田景区

龙脊梯田景区主要以农业梯田景观为主体，融入壮族、瑶族等少数民族风情，是集自然景观与人文资源于一体的综合旅游景区。龙脊梯田四季景色各异，春如层层银带，夏滚道道绿波，秋叠座座金塔，冬似群龙戏水，其壮观被艺术家称赞，神奇的韵律、优美的线条是中国南方农耕文明的集中体现。目前，龙脊梯田景区的开发建设已列入国家中西部旅游资源开发与自然生态环境保护项目。

金坑红瑶梯田是继龙脊梯田后又一绝色梯田景观，长长的带头丘环绕在山峦上。在深秋季节，梯田形如金光闪闪的聚宝盆；秋收过后，田水银光，尤其是在晴朗的早晨，好似在晨光雾海中遨游，让人流连忘返。

参考译文：

Longji Terrace Scenic Area mainly takes agricultural terraced field landscape as the main body, and integrates with the customs of Zhuang, Yao and other minority nationalities. It’s a comprehensive tourist attraction that integrates natural landscape and human resources. Longji Terrace has different scenery in four seasons, such as silver belts in spring, green waves in summer, golden towers in autumn, and dragons splashing in winter. Its spectacular is praised by artists. Its magical rhythm and beautiful lines are the concentrated embodiment of the agricultural civilization in southern China. The dragon ridge terrace is the concentrated embodiment of the farming civilization in southern China, which can be called the world. At present, the development and construction of Longji Terrace Scenic Area has been listed in the tourism resources development and natural ecological environment protection project in the middle and western part of the country.

Jinkeng Hongyao Terrace is another spectacular terraced field landscape after Longji Terrace, with its long headlands surrounded by mountains. In late autumn, the terraces are like golden corvettes. After harvest season in autumn, silver light shines in the terraced field. Especially in the sunny morning, it seems like a sea of fog absorbing people a lot to linger more.

## 六、恭城龙虎关

五岭山脉的都旁岭逶迤南来，形成一道天然屏障，将广西东北部与湖南隔开，只在广西恭城县和湖南江永县之间留下一个孔道——这便是闻名遐迩的龙虎关，又名镇峡关、桂门关、厉门，得名位于关南的广西桂林市恭城县龙虎乡的龙头岭和关北的湖南省江永县的虎头岭。

龙虎关历史悠久，是古代中原文化和岭南文化传播交汇的重要通道。巍巍五岭隔阻了中原和岭南的交流通道。以龙虎关为代表的五岭之间的一个个垭口关隘成了连接楚越、沟通南北的通道，中原的道德观念、文化艺术、建筑技术、农耕知识等文明思想从这些通道传入岭南，促成了龙虎关瑶汉文化交融的现状。

“龙蟠八桂山河壮，虎视三湘四月辉”。龙头岭与虎头岭南北对峙，形成龙争虎斗之势。龙虎河从关下流过，河两岸石峰突兀，岩石交错，形成一条天然护城河，有“一夫当关，万夫莫开”之势，历来为兵家必争之地。

现今的龙虎关是第二批桂林市新型城镇化示范乡镇，现已建成民族文化广场、龙虎水街、滨江公园、一纵一横道路、九牛井景区、风雨长廊和风雨桥等项目，所建项目既保留了龙虎古街原有的瑶汉民族文化韵味，又彰显了桂北民居特色。龙虎关民间流传着关于“九牛井”的故事，传说有9头牛偷喝了主人的酒，被主人追打，钻进大山。牛钻进山的地方便流出了酒，村民们便取此泉水当酒卖。但有人贪心不足，在酒泉水旁边打了一个洞，希望流出酒糟来，打洞后却流出了清泉。据有关部门检测，“九牛井”的奇泉里泉水含有20多种人体所需的微量元素，且该泉水中酒的含量为3至5度。

“雄关漫道真如铁，而今迈步从头越。”如今的龙虎关已换新颜，过去那仅一米余宽的通道已变成如今的宽敞坦途，一条平整的公路连通南北、对接湘桂，每日车水马龙、川流不息、络绎不绝、欢声笑语、生机盎然。

参考译文：

One of the Five Great Mountains, known as the Mountain Dupangling, stretches itself southward, forming a natural defense that wedges itself between the northeastern part of Guangxi Zhuang Autonomous Region and Hunan province. If there is a crack in this defense, that is the one and only narrow passage through the border area between Gongcheng county of Guangxi and Jiangyong county of Hunan. This strategic passage is what is known, far and near, as the Dragon and Tiger Pass, which is otherwise called the Zhenxia Pass, the Guimen Pass, or the Limen Pass. The Dragon and Tiger Pass derives its name from the two peaks separately dominating two sections of the ridge of the Mountain Dupangling, one of which, named Dragon, in the area of Gongcheng county of Guangxi, overlooks the south while the other, named Tiger, belonging to Jiangyong county of Hunan, commands the north of the pass.

The long-standing Dragon and Tiger Pass once played an indelible role in facilitating cultural communication between the region to the south of the Five Great Mountains and the central part of China in ancient times. As it was, the defense-like Five Great Mountains constituted, on the other hand, a barrier that stood in the way of north-south exchange. In this case, the Dragon and tig er, one of the passes through the barrier, served as a something like a channel by way of which the knowledge vis-à-vis ethics, literature, art, architecture, farming, and whatever came of a civilization was passed from the north to the south. This has contributed to formation of the hybrid of Yao, an ethnic minority, and Ha n cultures that features prominently around the Dragon and tiger Pass.

"In Guangxi both the mountains and the rivers look grander because there coils a dragon; In Hunan both the sun and the moon grow brighter as the gaze of a tiger lend brilliance." These two poetic lines describe the two peaks, facing each other as if a dragon and a tiger, according to the local folklore, faced off in a duel. Around the pass runs a moat-wise river also by the name of Dragon and Tiger, which is flanked by the steep cliff precipices. With its advantage of being easy to defend and hard to attack, the Dragon and Tiger Pass is, in the military history, seen as a site of strategic importance.

Today, Dragon and Tiger Pass has become one of the townships designated as demonstration models for new-type urbanization under the Guilin City Government. Within the boundaries of the township you will see such as an ethnic culture square, water-side avenues by the name of dragon and tiger, a river-view Park, crisscross highways, a scenic spot by the name of nine oxen, a covered corridor, and a covered bridge, which represent a fusion of the Yao ethnic minority and the Han cultural legacies and demonstrate what feature the residential houses in the northern part of Guangxi Zhuang Autonomous Region as well. Worth mentioning is a marvelous spring well also by the name of nine oxen. For this there is a local folklore. According to it, long long time ago nine oxen stealthily drank their owner ' s liquor. After such misconduct was exposed, they were being beaten by their angry owner, running all the way down to the foot of the mountains where they vanished. That was the very place where an alcohol- like spring welled up. Such a well of spring benefited its local sellers. Curiously enough, according to the folklore, after someone who was so greedy as to attempt at taking possession of even what this kind of spring was made from bored a hole at the side of the well, what flowed from it tasted not like alcohol at all but just what it should otherwise have been, sheer spring water, altogether. Tests show that the spring water from the well contains more than twenty trace elements that are necessary for the function of human body system. Moreover, 3 to 5 percent of alcohol content is found in the water.

"Don't say the guarded pass is iron-clad; Right now, let's go and stride across again." The two lines by Mao Zedong, whose subtext can be read as an expression of the great statesman's determination to rebuild a new world, should suit this brief introduction as a conclusion. Indeed, the pass and its vicinity have taken on a completely new look. For example, the once unpaved road which was only one meter in width has been reconstructed into an ever-busy multi-lane highway, which, as a vital connection between Guangxi in the south and Hunan in the north, is not only facilitating transportation but also functioning as a lifeline for the locals whose well-being has, thanks to the lifeline, improved to the greatest ever extent.

译者——桂林旅游学院陈恒仕

# 第九章 旅游英语翻译的未来趋势

随着全球化的加速和旅游业的蓬勃发展，旅游英语翻译作为连接不同文化和语言的桥梁，其重要性日益凸显。本章将深入探讨旅游英语翻译的未来趋势，首先从机器翻译技术的应用入手，分析其在旅游英语翻译中的潜力与挑战；接着，我们将关注跨文化交际能力对翻译质量的关键影响，强调在翻译过程中深入理解和尊重文化差异的重要性；最后，本章将聚焦于旅游英语翻译教育的改革与创新，探讨如何培养具备高素质、高能力的旅游英语翻译人才，以应对未来旅游业发展的多元化需求。

## 第一节　机器翻译在旅游英语翻译中的应用

在旅游业蓬勃发展的今天，旅游英语翻译作为促进国际文化交流、推动旅游业发展的重要工具，其准确性和效率对于提升游客体验、促进旅游业发展具有至关重要的作用。近年来，随着人工智能和大数据技术的快速发展，机器翻译在旅游英语翻译中的应用越来越广泛，成为旅游英语翻译领域的重要发展方向。

### 一、机器翻译在旅游英语翻译中的应用现状

#### （一）实时翻译

在旅游场景中，游客经常需要与导游、当地居民等进行实时交流。机器翻译技术的实时性特点使其能够满足这一需求，为游客提供即时的翻译服务。通过语音识别和翻译技术，游客可以迅速地将自己的话语转化为对方能理解的语言，实现无障碍交流。

### （二）旅游信息翻译

在旅游过程中，游客需要获取大量的旅游信息，如景点介绍、旅游指南等。机器翻译技术可以快速、准确地翻译这些信息，为游客提供便利。此外，机器翻译还可以处理大量的旅游文本数据，为旅游业提供丰富的语言资源。

### （三）社交媒体翻译

随着如QQ、微信（WeChat）、抖音（TIK TOK）、脸书（Facebook）、推特（Twitter）等社交媒体的普及，越来越多的游客通过社交媒体分享自己的旅游经历和感受。机器翻译技术可以自动翻译这些内容，使不同语言的游客能够相互理解和交流，促进旅游文化的传播。

## 二、机器翻译在旅游英语翻译中的优势

提供翻译效率：相比人工翻译，机器翻译具有更高的翻译效率。它可以在短时间内处理大量的翻译任务，满足旅游业的快速发展需求。降低翻译成本：机器翻译可以大量减少人工翻译的人力成本和时间成本，降低旅游业的运营成本。支持多种语言：机器翻译技术可以支持多种语言的翻译，满足旅游业的多语种需求。这对于吸引国际游客、促进国际旅游业的发展具有重要意义。

## 三、机器翻译在旅游英语翻译中的挑战与解决方案

### （一）精准度问题

机器翻译在处理旅游业特定术语、地方方言及语言文化的差异时，容易出现翻译错误。为解决这一问题，可以加强对旅游业特定领域术语和地方方言的翻译研究，并在最终环节加入人工翻译审核，提高机器翻译系统的精准度和准确性。

### （二）用户体验问题

虽然机器翻译提供了便利，但自动翻译设备的声音质量、翻译速度等问题可能影响用户体验。为改善用户体验，可以改进自动翻译设备的音质和翻译速度，提高用户满意度。

## 第二节　跨文化交际能力对翻译质量的影响

在旅游英语翻译中，跨文化交际能力的重要性不言而喻。翻译不仅仅是语言的转换，更是文化的传递和交流。因此，翻译者的跨文化交际能力对翻译质量具有决定性的影响。本节将详细探讨跨文化交际能力对翻译质量的影响，并给出相关实例和分析。

### 一、跨文化交际能力概述

跨文化交际能力，又称跨文化沟通能力，是指个体在跨越文化差异的交际中，充分发挥自身所具有的语言、文化、社会背景和认知能力，以达到有效沟通的能力。在旅游英语翻译中，这种能力尤为重要，因为它涉及不同文化背景下的理解和表达。

跨文化交际能力对旅游英语翻译质量具有重要影响。译者应该注重提高自己的跨文化交际能力，以更好地理解和表达原文信息，恰当处理文化差异，提高译文的可读性和可接受性。只有这样，才能确保翻译质量达到最高水平，满足旅游业发展的需求。

### 二、对翻译质量的影响

#### （一）准确传达原文信息

跨文化交际能力强的翻译者能够深入理解和把握原文中的文化内涵和语境，从而更准确地传达原文信息。

例如，在英语中，“to kill two birds with one stone”这一表达具有特定的文化内涵，直接翻译成“一石二鸟”可能会让中文读者感到困惑。而具有跨文化交际能力的翻译者会将其翻译成“一举两得”，这样更能被中文读者所接受和理解。

### （二）恰当处理文化差异

在翻译过程中，不同文化之间的差异会给翻译带来一定的难度。跨文化交际能力强的翻译者能够灵活应对这些差异，采用恰当的翻译策略和方法，使译文更符合目标语言的文化习惯和表达方式。

例如，在英语中，“You are a lucky dog”这一表达在中文中并无直接对应的表达方式。但具有跨文化交际能力的翻译者会将其翻译成“你真是个幸运儿”，这样既能传达原文的意思，又能避免文化误解。

### （三）提高译文的可读性和可接受性

跨文化交际能力强的翻译者能够站在目标读者的角度思考问题，使译文更符合目标读者的阅读习惯和表达方式。这样能够提高译文的可读性和可接受性，使目标读者能够更好地理解和接受原文信息。例如，在翻译旅游指南时，具有跨文化交际能力的翻译者会考虑到不同文化背景下游客的需求和兴趣点，使译文更具针对性和吸引力。

## 第三节　旅游英语翻译教育的改革与创新

随着全球旅游业的蓬勃发展，旅游英语翻译作为连接不同文化和语言的桥梁，其重要性日益凸显。为满足这一需求，旅游英语翻译教育需要进行相应的改革与创新，以培养更多具备高素质、高能力的旅游英语翻译人才。本节将从教学计划、教材改革、教学模式以及师资队伍建设等方面，详细探讨旅游英语翻译教育的改革与创新。

旅游英语翻译教育的改革与创新是提高旅游英语翻译质量的关键。通过修改教学计划、改革教材、创新教学模式以及加强师资队伍建设等措施，可以培养更多具备高素质、高能力的旅游英语翻译人才，为旅游业的发展提供有力支持。

## 一、教学计划修改

注重实际操作：教学计划应更注重学生的实际操作能力，增加校外实训环节，如考证前的旅行社实训和考证后的跟团实践。这些实训环节旨在让学生更好地了解英语翻译的实际工作需求，提高英语操作能力和旅游专业知识水平。理论与实践相结合：教学计划应确保理论与实践的紧密结合。通过模拟实践翻译情境、案例教学等方式，让学生在参与旅游翻译实践的同时加深对行业的认知，提高翻译实践能力。

## 二、教材改革

更新教材内容：教材应根据旅游业发展的最新动态和趋势进行更新，确保学生学到的是最新的知识和技能。例如，可以引入最新的旅游行业术语、旅游目的地介绍等内容；强化基础英语：旅游英语翻译需要扎实的英语基础。因此，教材应加强对基础英语的教学，包括词汇、语法、口语等方面的训练，为学生打下坚实的语言基础；结合旅游专业课程：旅游英语翻译与其他旅游专业课程有着密切的联系。教材应加强与这些课程的结合，为学生提供丰富的旅游专业知识，以便更好地进行旅游英语翻译。另外，新时代旅游英语教材的建设应坚持“以文塑旅、以旅彰文，推进文化和旅游深度融合发展”的方针为指向，以社会主义核心价值观塑造为引领，通过教材的建设更好地搭建传承和弘扬中华优秀传统文化的纽带，推动中华文化更好走向世界。

## 三、教学模式创新

行业体验与翻译教学相结合：采用翻译教学与行业体验相结合的教学模式，让学生在参与旅游翻译实践的同时加深对行业的认知。例如，可以组织学生到旅行社、酒店等旅游企业进行实习或考察，了解旅游行业的实际运作情况。模拟实践翻译情境：在课堂教学中设计模拟的实践翻译情境，让学生在实际操作中提高翻译实践能力。例如，可以模拟旅游景点介绍、旅游指南翻译等场景，让学生进行现场翻译练习。开展案例教学：积极开展案例教学，为学生提供旅游业一线的真实翻译材料。通过分析这些案例，学生可以了解旅游翻译中的常见问题和解决方法，提高翻译水平。

## 四、加强师资队伍建设

引进优秀人才：积极引进具有丰富旅游英语翻译经验和教学经验的优秀人才加入师资队伍，提高整体教学水平。定期培训与交流：定期组织教师进行培训和交流活动，了解最新的旅游英语翻译理论和教学方法，提高教师的教学能力和专业素养。

# 参考文献

[1] 王颖，申慧丽 . 旅游英语 [M]. 长春：吉林大学出版社，2023.

[2] 王运平，廖志儒 . 旅游英语 [M]. 北京：中国劳动社会保障出版社，2023.

[3] 郭学英，蔡慧 . 实用旅游英语听说教程 [M]. 北京：旅游教育出版社，2023.

[4] 李韬，李欣 . 旅游英语：中国篇 [M]. 沈阳：东北大学出版社，2023.

[5] 范广丽 . 旅游商务英语 [M].2 版 . 北京：高等教育出版社，2023.

[6] 刘新颜，苏红霞 . 旅游管理专业英语 [M]. 北京：高等教育出版社，2023.

[7] 王芳 . 会展英语 [M].4 版 . 沈阳：东北财经大学出版社，2023.

[8] 闫晓磊 . 酒店服务英语 [M]. 北京：清华大学出版社，2023.

[9] 周寒琼 . 酒店英语 [M]. 北京：中国人民大学出版社，2023.

[10] 张翠玲，黄中军 . 旅游饭店英语 [M]. 北京：清华大学出版社，2023.

[11] 曾屹君 . 现代实用文体翻译教程 [M]. 北京：中国书籍出版社，2023.

[12] 梁艳智，叶杰琳 . 会展旅游 [M].3 版 . 北京：清华大学出版社，2023.

[13] 朱赛洁，匡丽虹 . 旅游英语 [M]. 成都：电子科技大学出版社，2019.

[14] 周毅 . 旅游英语 [M]. 重庆：重庆大学出版社，2018.

[15] 陈金凤，鲁娅妮，李参 . 旅游英语 [M]. 北京：北京理工大学出版社，2014.

[16] 陈晓莉 . 旅游英语 [M]. 重庆：重庆大学出版社，2013.

[17] 林竹梅 . 旅游英语 [M]. 北京：对外经济贸易大学出版社，2011.
[18] 孙一文，于春雨 . 旅游英语 [M]. 北京：北京理工大学出版社，2011.
[19] 王丽丽 . 旅游英语 [M]. 成都：电子科技大学出版社，2016.
[20] 胡琰，黄笑菡 . 旅游英语 [M]. 杭州：浙江大学出版社，2019.
[21] 李承燕，林华英 . 旅游英语 [M]. 武汉：武汉大学出版社，2008.
[22] 范红育，刁力人 . 旅游英语 [M]. 北京：电子工业出版社，2008.
[23] 尹红心 . 跨文化交际下的旅游英语翻译策略研究 [J]. 中国民族博览，2023（12）：229-231.
[24] 何素洁 . 基于 ESP 理论的高职旅游英语教学改革研究 [J]. 产业与科技论坛，2023，22（10）：227-228.
[25] 杨晨欣，李赫蛮 . 乡村振兴背景下旅游英语课程教学改革 [J]. 河南农业，2023（9）：28-29.
[26] 蒋乐松 . 高校旅游英语混合教学优化策略 [J]. 文教资料，2020（12）：219-220.
[27] 梁静 . 旅游英语翻译与本土文化对接的思考 [J]. 科教导刊（电子版），2020（6）：216-217.
[28] 陈静 . 旅游英语混合式教学策略研究 [J]. 山东农业工程学院学报，2020，37（6）：181-182，192.
[29] 张婧源 . 情景教学法在旅游英语教学中的运用研究 [J]. 漫旅，2022，9（24）：144-146.
[30] 张欢 . 跨文化下的旅游英语翻译分析 [J]. 湖北农机化，2020（6）：123.
[31] 张婧源 . 高校旅游英语教学中的本土文化渗透研究 [J]. 漫旅，2022，9（23）：136-137，140.
[32] 赵江娜 . 高职旅游英语教育与课程思政融合探索 [J]. 漫旅，2022，9（23）：138-140.
[33] 张婧源 . 课程思政视角下高校旅游英语教学改革研究 [J]. 漫旅，2022，9（22）：144-146.

[34] 金烨 . 高职院校旅游英语专业个性化教学策略探讨 [J]. 漫旅，2022，9（21）：150-152.

[35] 汤傅佳 . 软技能与旅游英语课程改革融合研究 [J]. 教育观察，2022，11（19）：106-109.

[36] 杨一涵 . 旅游英语的特点及翻译的路径选择 [J]. 梧州学院学报，2020，30（4）：93-97.

[37] 成畅 . 高校旅游英语课程的通识教育之路探索 [J]. 漫旅，2022，9（19）：150-152.

[38] 徐阳平，何冬梅 . 旅游英语口语：基础篇 [M]. 重庆：重庆大学出版社，2021.

[39] 唐昊，徐剑波，李昶 . 跨文化背景下英语翻译理论研究与实践探索 [M]. 长春：吉林人民出版社，2020.

[40] 叶秋贤，石诗 . 浅析旅游英语翻译策略 [J]. 现代英语，2023（3）：113-116.

[41] 张薇薇 . 旅游英语翻译策略探析 [J]. 海外英语，2023（3）：64-65，68.

[42] 覃丹竹 . 旅游英语文本翻译的原则和技巧探究 [J]. 漫旅，2023（7）：97-98.

[43] 田亚男，段红星 . 高职院校旅游英语教学模式探究 [J]. 漫旅，2023（15）：147-149.

[44] 张小伟 . 旅游英语教学改革实践与探索 [J]. 当代旅游，2022（13）：88-90.

[45] 王蔚嘉 . 高校旅游英语专业酒店实习探讨 [J]. 漫旅，2022（10）：120-122.

[46] 陈倩茜 . 城市旅游英语语言使用调研分析 [J]. 文教资料，2021（22）：12-14.

[47] 赖沁 . 旅游英语翻译中的文化差异与应对 [J]. 散文百家，2021（5）：71-73.

[48] 杨坤燕，江万锂，张建强 . 高校旅游英语教学改革探析 [J]. 教育教学论坛，2021（3）：101-104.

[49] 胡艳，范金平 . 中国文化融入高职旅游英语课程的路径研究 [J]. 现代职业教育，2023（14）：34-37.

[50] 张卫娜 . 旅游英语翻译对传统文化传播的作用研究 [J]. 文化产业，2023(9)：124-126

[51] 赵洪宁 . 智慧教育时代高职旅游英语教学模式研究 [J]. 漫旅，2023（15）：150-152.

[52] 赵洪宁 . 智慧教育时代高职旅游英语教学模式研究 [J]. 漫旅，2023，10(15)：150-152.

[53] 马阳，胡晶 . 旅游英语翻译对传统文化传播的作用分析 [J]. 漫旅，2023，10（13）：88-90.

[54] 冯捷蕴 . 北京旅游目的地形象的感知：中西方旅游者博客的多维话语分析 [J]. 旅游学刊，2011（9）：19-28.

[55] 孙晓阳，樊茗玥 . 智慧旅游背景下旅游目的地形象评价研究：以江苏镇江为例 [J]. 旅游经济，2014（12）：143-146.

[56] 周寒琼，韦小良 . 杭州旅游目的地形象评价的调查研究：以韩国团队游客为例 [J]. 浙江师范大学学报（社会科学版），2011，36（3）：110-112.

[57] 常玉杰 . 旅游文本翻译实践报告：以河南黄帝故里景点导游词翻译为例 [D]. 上海：上海师范大学，2018.

[58] 朱玉敏 . 旅游英语的语言特点及翻译策略 [J]. 牡丹江师范学院学报（哲学社会科学版），2015（5）：106-107.

[59] 李燕娟，陈小华 . 语用翻译视角下旅游景点翻译研究 [J]. 旅游纵览（下半月），2017（6）：276-277.

[60] 庄绎传 . 英汉翻译简明教程 [M]. 北京：外语教学与研究出版社，2002.

# 附录：旅游英语常用词汇表

## 一、旅游与交通词汇

Tourism 旅游

Travel Agency 旅行社

Tour Guide 导游

Package Tour 跟团游

Independent Travel 自助游

Airline 航空公司

Flight 航班

Departure 出发

Arrival 抵达

Hotel 酒店

## 二、旅游景点词汇

Scenic Spot 景点

Natural Scenery 自然风光

Historic Site 历史遗址

Museum 博物馆

Monument 纪念碑

Palace 宫殿

Castle 城堡

Beach 海滩

Mountain 山脉

Waterfall 瀑布

## 三、旅游服务词汇

Reception 前台

Check-in 入住

Check-out 退房

Room Service 客房服务

Restaurant 餐厅

Buffet 自助餐

Laundry Service 洗衣服务

Currency Exchange 外币兑换

Lost and Found 失物招领

Travel Insurance 旅游保险

## 四、旅游活动词汇

Hiking 徒步旅行

Camping 露营

Biking 骑行

Boating 划船

Fishing 钓鱼

Shopping 购物

Sightseeing 观光

Photography 摄影

Local Cuisine 地方美食

Cultural Exchange 文化交流

## 五、旅游英语常用表达

Welcome to [Destination]!

欢迎来到 [ 目的地 ] !

Enjoy your stay!

祝您住得愉快!

How can I help you?

我能帮您什么忙吗?

Excuse me, where is the nearest restaurant?

请问最近的餐厅在哪里?

Could you recommend some local dishes?

您能推荐一些当地特色菜吗?

Do you have a room available for tonight?

今晚还有空房吗?

What time does the tour start?

旅行团什么时候开始?

Could you take me to the airport, please?

请您送我去机场好吗?

I'd like to book a ticket to [Destination].

我想预订一张去 [ 目的地 ] 的票。

I need to change my reservation.

我需要更改我的预订。